내 생을 찾아서

내 생을 찾아서

불교를 노크하는 분들에게

보영普英 편저

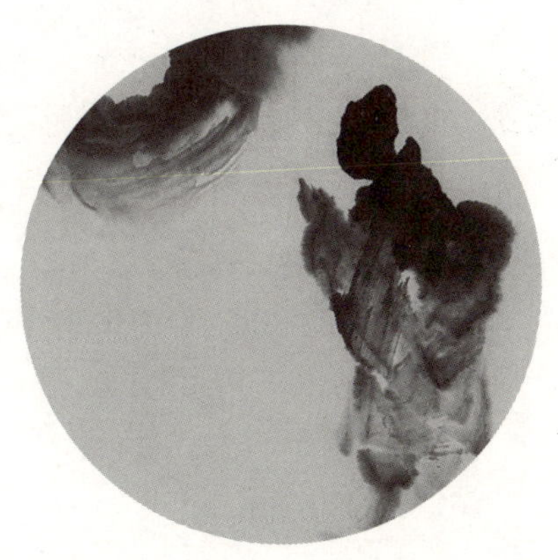

조계종
출판사

목 차

출가 이후 나의 수행에 큰 전환점이 된 것은 법장보살님과의 첫 만남이었습니다. 젊은 날 승단의 교육을 받고 매일 예불과 수행을 반복하면서도 신앙에 대한 자각이 일어나지 않았습니다. 오로지 지극정성으로 엎드려 예불하는 것이 참된 승려의 자세라고 믿으며 자만해 왔습니다. 이러한 가운데 법장보살님을 만나 그분의 수행과 고뇌의 과정을 하나하나 관하니 그동안 우매했던 나의 신앙을 새롭게 일깨워준 것입니다. 법장보살님은 진정한 수행사문의 모습을 몸소 시현하여 중생들을 깨닫게 해주신 분입니다. 그 깨달음의 내용이 바로 염불의 세계입니다.

열반하신 다카하라高原 스승님이 나를 이러한 법장보살의 세계로 이끌어 주셨습니다. 스승님과 만남으로 나는 진정한 정토신앙인으로서 곧은 자세와 가르침을 받았고 지금의 나로 설 수 있게 됐습니다. 세월이 흐름에도 먼저 왕생하신 스승님의 가르침이 생생하며, 더욱더 깊은 그리움으로 가득 찹니다. 다카하라 스승님은 초청받은 전국의 사찰강의에서 언제나 당신의 스승님 업적을 자랑스럽게 찬탄하셨습니다. 스승의 은혜를 잊지 않으려던 그 모습이 아직도 감동 깊게 다가옵니다. 자신을 낮추고 언제나 여시아문如是我聞의 자세로 일관하신 것입니다.

이 책은 35년 전 일본에서 승려 학교 수학 당시에 읽었던 요네자와 히데오米澤英雄 선생의 원본인 『혼의 궤적魂の軌跡』을 참고삼아 한국 불자들이 이해하기 쉽게 엮어서 저술한 것입니다. 이

원서를 오랜 기간 동안 번역하고 저작하는 과정에서 느낀 것을 더하여 현 한국 불교의 발전을 발원하며 정리해 놓았습니다. 이 책이 조금이나마 한국 불교의 염불 발전에 일조하기를 기원합니다.

저술을 하며, 할 수 있는 한 독자들이 어려워할 만한 교학적 요소를 피해서 쉽게 접근할 수 있는 언어로 표현하고자 노력했습니다. 하지만 일부 피할 수 없는 전문용어를 사용해야 했습니다. 그러나 불자라면 누구나 이해할 수 있는 정도의 수준으로 엮으려고 노력했습니다. 그럼에도 언어 표현이 많은 부분에서 미비합니다. 제諸 지식자의 큰 자비로 지도와 편달을 부탁드립니다. 언어 표현이 서툴고 여래如來의 실상을 드러내기에 한참 부족한 책이지만 조금이라도 사회 안정에 기여하고 궁극적으로 불교 포교에 일조하기를 바랍니다.

끝으로 염불자로서 길을 걷게 해주신 모든 선
지식의 은혜에 헤아릴 수 없는 감사를 드립니다.

보영

제 1 장
정토불교淨土佛敎의 탄생

법장보살法藏菩薩

여러분은 법장보살*이란 분에 대해 알고 계신가요?

이미 법장보살에 대해 들어보셨거나, 마음 깊은 곳에서 만나보신 분도 있을 것입니다. 한편 그런 보살이 왜 필요하냐고 아예 무시하며 오로지 현재 자신이 처해 있는 상황에만 관심을 두고

---

* 『무량수경』(無量壽經, Sukhāvatī-vyūha-sūtra)에서 아미타불의 전신은 원래 수행자인 법장(法藏)이라는 보살이었다. 교시가(橋尸迦)라는 국왕이 있었는데 출가후 세자재왕불을 만나 그의 앞에서 48개의 중생구제의 큰 서원을 세우고 오랜 수행 끝에 서원을 모두 성취하고 아미타불이 되었다. 지금은 서방 극락세계의 교주로 계시며 이곳에 상주하시며 설법을 하고 있다고 한다.

사회에 큰 불만을 품고 계신 분도 있을 것입니다. 어떤 분은 아마도 이 세상에서 자신만큼 불행한 사람은 없을 거라며 힘들어하는 분도 있겠죠.

그러한 분들의 마음 상태는 어떨까요.

'이 세상에 정말로 부처님이나 하나님 같은 분이 존재할까?'

'존재한다면 나같이 고통스러운 사람을 왜 구제해 주지 않지?'

'이처럼 고통스러운 세상에서 이 꼴로 사느니 차라리 죽어버리는 편이 더 낫지나 않을까?' 하고 생각하고 있지는 않을까요?

그 정도는 아니더라도 세상일이 마음먹은 대로 되지 않아 사회와 자신에게 조금이나마 불평불만을 품고 계시는 분들이 많겠지요. 이러한 분들이라면 어디 우리 법장보살님을 한번 만나 보심이 어떠하신지요?

법장보살님이 어떤 분이냐고요? 법장보살님은 중생 구제의 원을 세우시고 오겁五劫이라는 오랜 세월 동안 수행과 정진을 하여 마침내 그 원을 성취하시고 정토를 건설하신 분입니다. 오겁의 시간이라니… 이렇게 대단한 법장보살님은 고통에 신음하고 계신 분들의 마음을 다잡아주고 앞날을 밝게 해주는 방법을 잘 알고 계시는 분입니다. 그분은 중생구제의 원을 성취하시고 부처님이 되시어 지금 저 피안彼岸*의 극락세계에 상주하고 계십니다. 그러면서 이 사바세계인 차안此岸**에서 늘 고통에 신음하고 있는 불행한 우리를 어떻게 해서라도 만나 극락왕생의 연유를 설명하고 그것을 믿도록 납득하기를 간절

---

* 범어 바라밀다(paramita)의 번역으로 도피안(到彼岸)의 준말이다. 모든 번뇌에 얽매인 고통의 세계인 생사 고해(苦海)를 건너 이상경인 저 언덕에 도달한다는 뜻이다.

** 불교에서는 번뇌에 속박된 현상 세계를 차안(此岸: 이 언덕)이라 한다.

히 원하고 계십니다.

법장보살님은 또한 고락苦樂의 생에서 벗어나지 못하는 이 세계의 불행한 중생들의 고통 소리를 들으시고 "그래 그러한 아픔이 있었구나? 그랬었는가?" 하시며 함께 아파하고 계십니다. 반대로 우리에게 좋은 일이 생기면 기쁨의 대화로 "그러한 기쁜 삶의 방식도 있었는가?" 하시며 우리의 선근善根을 진심으로 반기고 칭찬하며 기뻐해 주십니다.

지금 전 세계가 핵무기 경쟁과 전쟁과 테러, 그리고 도처에서 벌어지는 재해의 고통 아래 신음하고 있습니다. 법장보살님은 이러한 사람들의 고통을 동체대비同體大悲*의 마음으로 함께 느끼시며 모든 사람의 안녕과 절대 평화와 절대

---

* 중생의 아픔을 함께해 주시는 조건 없는 부처님의 자비로 무연자비(無緣慈悲)와 같은 의미이다.

자유를 원하고 계십니다. 이러한 현대 인류의 보편적 문제는 오로지 법장보살님을 만나야만 비로소 해결이 가능하며, 이분을 만나지 못한다면 불행하게도 해결이 불가능할 것입니다.

자 그러면 우리 개인의 신상 상담에서부터 국가의 난제와 UN총회 안건에 이르기까지 모든 것을 받아들이고 계시는 법장보살님은 도대체 어떠한 분일까요?

여러분! 조금 모자라지만, 나의 이 보살님의 소개를 잠시 들어주시기 바랍니다.

법장보살님은 원래는 법장비구法藏比丘라고 불렸습니다. '비구比丘'란 계를 받고 출가한 수행단체의 남자스님을 일컫습니다. 일부 불교 국가와 한국 불교종단의 승려 품계제도와는 다르고, 또한 석가모니 교단의 출가자 호칭과 각각 조금의 차이는 있습니다. '비구'라 함은 세간과 단절

된 상태로 오로지 깨달음을 위해 수행만을 하는 출가자를 의미합니다. 그렇다면 본래 의미와 부합하는 것은 출가 사문_{沙門}*이 적절한 표현이 되겠지요. 그들은 출가 이후 대부분의 시간을 사찰이나 수행처**에 상주하며 오로지 깨달음을 위해 수행정진을 합니다. 때로는 불교의식을 집전하며, 경전을 연구하고 배우는 수행을 하는 출가승도 의미합니다.

법장비구에게 출가의 의미는, 때로 장례식을 집전하고 대중포교를 위해 설교하시는 다른 스님들과 조금 다릅니다. 그의 출가 사유는 단순히 자신의 깨달음만을 위한 것이 아니었습니다. 오

---

* 사문(沙門)은 불교에서 출가하여 수도에 전념하는 사람. 팔리어 'samaṇa'에서 유래하는 음사어로서 '노력하는 사람', '도인'을 의미한다. 비구(比丘)와 같은 뜻으로 쓴다. 『불설관무량수경』에서는 석가모니의 10대 제자를 사문이라고 표현하고 있다.

** 수행처로 동굴 속이나 나무 위에서 참선수행을 하기도 하고 포행이나 걸식수행을 행하기도 한다.

로지 이 사바세계娑婆世界*의 모든 중생이 신음하고 있는 고통을 없애겠다는 큰 원을 세워 성취하는 것이었습니다.

지금도 이 세상에는 상상도 못할 정도로 흉악한 일이 종종 벌어지고 있습니다. 거짓과 과장이 난무하고 나쁜 무리들이 넘쳐납니다. 오히려 정직한 자가 바보 취급을 당하면서도 참아야 하는 사회도 있습니다. 심지어 열심히 사는 사람이 사회에서 매장당할 정도로 억울한 일까지 감당해야 할 때도 있습니다. 이러한 부조리한 사회에 환멸을 느끼는 분들이 많겠지요.

그 옛날에도 비슷한 환경에서 가득 고뇌를 안고 살아가던 법장이 계셨습니다. 그는 이 세상 어딘가에 거짓이 없고, 정말로 아름답고 진실된

---

* 사바세계(娑婆世界)는 석가모니 세존이 출세하고 교화하시는 현 우리가 살고 있는 이 세계를 가리키는 말이다. 감인토(堪忍土), 인계(忍界), 인토(忍土)라고 번역된다.

삶이 있는 나라가 없을까 하고 많은 번민을 거듭
했습니다. 세간적인 부족함이 없던 그는 결국 호
화롭고 부유한 궁전을 버리고 그 아름다운 나라
에서 살고 싶다는 소망으로 구도자가 됐습니다.
출가 당시 결심은 현재는 물론 후세後世 사람들
이 고통스러운 세계에서 하루바삐 탈출할 수 있
게 도와주는 것이었습니다. 사실 수행을 하는 모
든 출가승의 마음가짐도 가끔은 이러한 법장보
살님과 유사한 모습을 발견할 수 있습니다. 그래
도 법장비구는 신분이 원체 고귀하고 경제적으
로도 모자람 없었기에 놓아야 할 것이 많았습니
다. 그에게는 교양 있는 미모의 아내와 말 잘 듣
는 귀여운 자녀도 있었다고 합니다. 일종의 부르
주아* 세계에서 살던 분이셨습니다.

---

* 부르주아지의 형용사형은 부르주아이다. 원래 중산층이란 뜻
  이나 마르크스주의 이후 현대에는 자본가 지배계급을 뜻한
  다. 프랑스어로 '성'(城)을 뜻하는 부어(bourg)에서 유래했다.

　남부러울 것 없이 살던 그가 어느 날 홀연히 속세의 풍요로운 환락 생활을 모두 버리고 일개 미천한 몸인 프롤레타리아*가 되셨습니다. 우리처럼 하루하루를 걱정하며 생활에 쫓기는 사람들이 보면 정말로 부럽고 아까울 정도로 무엇이든 원하면 다 해결할 수 있는 이상적인 지위에 있던 분. 하지만 그런 환경도 일상의 그의 번민을 해소해 줄 수는 없었던 모양입니다.

　법장비구의 신상에 대한 이야기를 비교하자면, 우리의 세속적 가치관으로는 돈이 많고, 명예와 권력을 얻거나 신체가 건강한 것이 최상입니다. 그러나 이러한 세속적인 욕망조차도 우리에게는 한꺼번에 다 얻을 수 없는 희망사항에 불과한 것이겠죠. 그 반면에 법장은 세속인들이 바

---

* 프롤레타리아는 사회적으로 하위 계급의 일원을 뜻한다. 피지배 계층이라는 의미를 강조하기 위해 무산 계급(無産階級)이라는 용어를 사용하기도 한다.

라는 것을 다 가졌지만 그것만으로 자신이 바라는 삶의 만족은 얻지 못했습니다. 그는 왜 그토록 번민하며 삶의 고뇌에서 벗어나려 했던 것일까요. 그가 추구했던 욕망은 우리도 한번 깊이 생각해 봐야 할 요소입니다.

법장보살의 행려行旅

법장보살이 호사스러운 생활을 모두 뒤로 하고 출가한 지 얼마 되지 않았을 무렵, 그는 이 세상 고통을 모두 혼자 짊어진 듯이 정말로 시무룩하고 심하게 찌푸린 얼굴을 하고 있었습니다. 아무래도 자신이 생각과는 달리 뜻한 바가 이루어지지 않아 심신心身이 편안하지 않았을 것입니다. 그는 그토록 구하던 길을 가면서 주위 사람들의 조언을 듣기도 하고, 혹시나 저 말씀을 들으면 좀 더 나아지겠지 또는 이 말씀을 듣고 실천하면 이번에는 꼭 구제되겠지 하고 반복하며 시간만 허비했습니다. 그 조력자들이 가르쳐 준

대로 자신을 구제해 줄 수 있는 스승을 찾아 이곳저곳 헤맸습니다. 하지만 그렇게 가르침을 찾아 떠돌아다니며 겨우 만난 스승들의 가르침에도 만족을 못하고 더 큰 가르침에 목말라 했습니다. 힘들었지만 조금 더 고생이 되더라도 그가 진정으로 구하려는 합당한 사유思惟를 얻으려고 지속하여 찾아 헤맨 결과 결국 스승이 쉰세 분에 이르렀습니다.

사실 법장의 두뇌는 생각보다 그리 명석하지 못했던 모양입니다. 그가 똑똑했다면 공空이라든가 무아無我든가 진여眞如라든가 하는 경계를 빨리 깨달아 그 도리대로 수행하여 분명히 편하게 살 수 있었겠지요. 그렇게 편히 살 수 있는 도리를 가르쳐 주는 스승 밑에 가서 꽤나 수행을 했겠지만 도무지 머리가 좋지 않았던지, 아니면 공부에 대한 열의가 부족했던지 낙제를 거듭했습니다.

다만 그는 호기심이 많은 반면 의심 또한 많은 사람이어서 현대 과학정신과 같은 합리적 사고로 뭉쳐 있었기에 기적 같은 것은 조금도 바라지 않았습니다. 대개 과학적 사고를 하는 사람들은 진리에 맞지 않으면 믿지 않는다는 정신이 있습니다. 아마 법장도 그와 같은 부류에 속했을지도 모릅니다. 어느 때에는 그에게 다가와 당신을 구제해 줄 부처님이나 신神들이나 하나님을 믿으세요,라고 하는 사람이 꽤나 있었습니다. 법장 또한 그 이야기에 솔깃하여 혹시나 하고 그쪽으로 자주 걸음을 했습니다. 그렇지만 원체 의심이 많아 쉽게 믿지 않았으므로 자신의 것으로 삼기가 무척 어려웠습니다. 그러고는 그 전도자들에게 "나는 아무리 해도 구제될 것 같지 않습니다"라고 신앙고백도 해보았습니다. 그럴 때마다 "그건 네 믿음이 부족하고 근기가 없기 때문이야"라고 비난받기 일쑤였기에 그는 그들을 자꾸 멀리하게 되고 결국은 물러서게 되었습니다.

또 다른 어떤 곳에서는 자아自我를 억제하는 고행을 쌓으면 즐거움에 이르는 길을 발견할 수 있다고 가르쳐 주는 곳도 있었습니다. 하지만 이러저러한 가르침이 있었음에도 그는 아무래도 근기가 약했던 모양입니다. 어떤 곳에서는 단 30분이라도 조용히 명상하며 앉아 있을 정도의 근기조차 없었기에 그의 구도는 전혀 희망이 보이지 않았습니다. 하지만 그는 이미 출가자로서 모든 것을 잃고 또 버렸기 때문에 원래의 궁중생활로 되돌아갈 수도 없었습니다. 게다가 지금은 상상도 못 할 정도로 생활이 곤궁하여 살기 위해 일을 해야 했기 때문에 조용히 앉아 있을 시간적, 심적心的 여유가 없었습니다. 그러니 근기가 없는 것도 무리는 아닙니다. 이러한 그에게 "그렇게 여유도 없고 근기도 약하면 이 부적을 사서 매일 소원을 비세요"라고 권하는 사람도 있었습니다. 그러나 이제는 가난하고 빈털터리가 된 그에게는 그 부적을 살 돈조차 없었기에 이것 또한 소용없는 일이었습니다.

이러한 현상에 체념하고 그는 다시 온갖 고행을 하면서 무척이나 많은 선지식을 찾아 헤매며 오로지 깨달음을 얻으려는 일념으로 노력했습니다. 그렇지만 아무리 노력해도 이러한 노력으로 자신의 생활이 한층 밝아졌다거나, 이로써 건강하게 살 수 있다는 확신이 들지 않았습니다. 크게 낙담한 법장비구는 "나는 부처에게도 신에게도 버림받았어. 좋은 인생을 추구하며 출가를 했는데 인생이 왜 이렇게 사는 의미가 없을까?" 하며 바보같이 말하고는 시름에 젖어 술로 마음을 달래려 했습니다. 하지만 술 취해 있을 때만 잠시 괴로움을 잊을 뿐, 술 깨어 일어나면 또다시 쓸쓸한 본래 생활로 되돌아왔습니다. 지금 무엇보다도 그에게는 의지처가 절실히 필요했습니다. 그러나 어디를 보아도 쉽게 그가 간절히 구하던 그 의지할 곳을 발견하지 못했습니다. 더구나 오랜 고행으로 심신이 쇠약하여 이제는 홀로 설 힘조차 없었습니다. 그저 절망의 늪으로 점점 깊이 빠져들 뿐이었습니다.

선지식善知識과의 만남

법장비구가 실의에 빠져 헤매고 있을 때 우연히 세자재왕불世自在王佛*의 이름을 듣게 됩니다. 세자재왕불을 우리말로 번역하면 '이 세상에서 대단히 자재自在로우시고 만사형통하신 분'이라고 할 수가 있습니다. 물론 이것은 세자재왕불의 덕德을 극찬하여 붙여진 이름입니다.

법장비구가 세자재왕불의 이름을 처음으로 들었을 때는 왠지 허풍을 떨고 있는 자 같은 느

---

* 세간자재왕(世間自在王)·세요왕(世饒王)이라고도 하며, 줄여서 세왕(世王)·요왕(饒王)이라고도 부른다. 아미타불이 법장비구 때 사불(師佛)이다.

껨을 받았습니다. 그는 '지금까지 목숨이 위태로울 정도로 고통스럽게 여러 스승을 찾아 헤매면서도 구제받지 못했는데 과연 이분이라고 다르겠는가? 그에게도 그다지 큰 기대를 하지 않는 게 좋을 성싶다'고 속으로 생각했습니다. 그렇게 법장은 세자재왕불을 하찮게 여기고 그를 만나러 가지 않으려 했습니다. 법장은 이제껏 행해 왔던 수행 경험을 내세워 허세를 부리며 허공에 대고 큰소리로 "그도 별 것 아니야"라고 외쳐 보기도 했습니다. 그러나 자꾸 그 스승에게 신경이 쓰여 마음의 갈등이 일었습니다. 괴로움이 도를 넘어서자 스스로 다졌던 자신을 굽히고 세자재왕불이 있는 곳으로 찾아갑니다.

그는 지금까지 가르침을 구한 쉰세 분의 선지식을 친견親見했고 또한 그럴듯한 이야기를 수없이 경청했으며, 나름대로 사람을 보는 안목도 있다고 자만했습니다. 법장은 이전에 만났던 수행

자들에게서 그다지 청빈한 모습을 느끼지 못했고 심지어는 그들이 호화스런 주택에서 사치스럽게 지낸 것 같은 인상까지 받았습니다. 그런데 이전에 만났던 선지식들에 비해 지금 찾아간 세자재왕불은 상상 외로 아주 검소한 생활을 할 뿐 아니라 오히려 주거 환경이 조금 초라해 보였습니다. 만나기 이전 상상으로는 세자재왕불이 그다지 '자재로움'이 없는 분이라고 생각했습니다. 그런데 정작 그분을 마주하여 몇 마디 이야기를 나누어 보고 용모를 보았더니 무척이나 원만하고 빛이 나는 청정한 분이었습니다. 세자재왕불의 첫 인상을 보고 법장은 '정말이지 지금까지 여러 사람을 보고 만나 왔지만 이렇게 한눈에 쑥 들어오기는 처음이다. 이분은 지금까지 만나 왔던 사람들과는 전혀 다른 분'이라고 직감했던 것입니다. 이분이야말로 진실한 성자의 모습이라고 생각했습니다.

법장은 '충족한 마음의 왕'이라고 해도 좋을 세자재왕불과 마주하여 서서 그 자리에 있는 것도, 그의 얼굴을 감히 바로 쳐다보는 것도 부끄러웠습니다. 그의 앞에 있으니 왠지 기묘하게도 자신이 너무 욕심이 많고 아주 초라한 인간으로 비추어지는 것이었습니다. 그리고 그 '충족한 마음의 왕'이라고 불릴만한 그분과 아직 한 마디도 나누지 못했지만 정말 이분이야말로 오랜 숙제인 자신의 고민을 해결해 줄 수 있겠다는 확신이

들었습니다. 자신은 지금까지 이분을 만나려고 그토록 오랫동안 고생한 것이 아닌가? 하는 생각이 불가사의不可思議하게 솟아나오는 것이었습니다.

법장비구는 곧바로 세자재왕불과 만난 그곳에서 바로 솔직하게 자신의 고민을 털어놓고 고통과 번뇌가 없는 나라에서 살고 싶다고 청했습니다. 그러고는 그에게 자신이 지금까지 출가 이후 수행에 생명을 건 연유와 출가시의 원을 말씀드리고 현세의 모든 속박에서 벗어나는 방법을 여쭈었습니다. 이러한 법장비구의 희망은 자기 혼자만 고통에서 해방되는 것이 아니라 전 인류가 동시에 사바세계 고통에서 해방되는 것이었습니다. 전 인류가 겪는 보편적인 고통을 지켜보는 것이 그에게는 괴로움과 고민으로 남아 있었던 것입니다. 그는 자신이 품고 있던 희망을 세자재왕불에게 말씀드렸습니다. 법장 자신이 우선 고통에서 해방됨과 동시에 이 세계 모든 인류가 속히 고통에서 해방될 수 있는 방법에 대해 재차 물었습니다.

"스승님, 이 세상에서 불평등한 자본가가 없어지고 무산계급無産階級이 해방되는 날이 올지도 모르겠습니다. 그렇지만 그러한 날이 언제 올지 불확실합니다. 이것이 이루어지도록, 오늘 당장 저의 눈으로 직접 보고 수긍할 수 있도록 부디 참다운 해결방법을 가르쳐 주십시오. 저는 이 문제를 해결하지 못하면 죽어도 결코 눈을 감을 수 없습니다"라며 엎드려 머리를 조아리고 일심一心으로 스승님께 가르침을 청했습니다.

그렇게 일편단심으로 간절히 원하고 있는 법장비구의 청을 묵묵히 듣고 계시던 세자재왕불께서는 미소를 지으시면서 이어 말씀하셨습니다.

"법장이여 나는 진실로 광대한 원을 세우고 있는 자네를 마음속 깊이 존경하네. 하지만 자네

가 발원한 훌륭한 그 서원誓願을 어느 정도 이룰
수 있다고 보는가?”

그러자 법장은 풀이 죽어 고개를 숙이며 말했
습니다.

“예, 열심히 해보겠지만 진실로 부끄럽게도
현재의 제 주제와 힘으로는 도저히 이루기 어려
울 것 같습니다.”

그러자 세자재왕불께서는 부드러운 미소를
지으면서도 위엄 있게 다음과 같이 말씀하기 시
작했습니다.

“법장이여 그대가 발원發願한 것은 무릇 인간
이라면 누구라도 품고 있는 근본적인 원인 것이
네. 그러한 원이 자신의 마음속에 싹틀 때 비로
소 인간이 되는 것이라고 말해도 좋을 것이야.
그러나 그 원이 어떠한 연유로 성취된 때에는 자
네는 이미 인간을 넘어서 부처가 되는 것이네.
이 세상의 모든 인간은 부처가 되는 길을 걸어야

만 하는 존재라네. 그러나 누구나 다 원해도 이 부처가 되는 길은 쉽게 찾아낼 수 없지. 자신의 삶에서 선택지가 오로지 이 부처가 되는 길 하나뿐이라고 마음이 정해질 때까지 모든 사람은 자네처럼 고뇌가 깊은 방황을 거듭해야 한다네. 중생이 방황하는 까닭은 자신 이외의 밖에 있는 것에만 의지하려 하기 때문이야. 자신의 내면에 있는 실상을 깨닫고 나면 더 이상 혼돈하며 생활하는 일은 없다네. 무릇 범부는 자신의 그릇됨을 보려 하지 않고 또 인정하지 않으려는 공통점을 안고 있지. 이 세계에서는 자신의 문제를 쉽게 남의 탓으로 전가하거나 자신의 잘못된 부분은 자신 아닌 밖의 원인으로 밀어내버린다네. 이렇게 혼돈의 방황이 지속되면 자네는 진정한 의지처를 가질 수 없게 되는 것이야. 그런데도 그대는 진정한 의지처가 자신 안에 있는 것을 깨닫지 못하고 헛되게 밖에서만 찾아다니고 있군. 하루 빨리 자신을 돌아보고 무엇이 문제인가를 찾아야 하네. 우선 자네가 진정으로 번민하고 있는 것이 무엇인지 찾아서 자신을 성찰해야 하네. 자신을 성찰하지 않고 모든 문제의 원인과 해결방도를 밖에서 구하면 안 된다네.”

그러고는 세자재왕불은 결의에 찬 법장을 매우 안쓰럽게 생각하고 이렇게 말씀하셨습니다.

“자네는 사치스럽게도 지금까지 만난 쉰세 분의 스승에게 만족을 얻을 수 없었다고 하지만 지금부터야말로 자네의 사치심을 단호히 버리고 간절히 구하면 누구라도 언제라도 어디서라도 구원될 수 있는 길이 열린다네. 그리고 그 구원되는 자는 다른 사람이 아닌 자네 자신이 될 것이네.”

법장은 사실 지금까지 눈에 보이는 자신의 밖에 있는 것에만 의지하려고 애썼습니다. 또한 다른 해결 방법도 모르고 이를 타개할 강단도 없어 다른 사람에게 의지할 수밖에 없었습니다. 그랬기에 혼돈에서 탈출할 출구도 찾지 못하고 방황을 지속해 왔습니다. 세자제왕불이 한 말씀이 이러한 자신의 모습을 꼭 집어내는 것처럼 생각되었습니다.

세자재왕불은 법장에게 이렇게 말씀하셨습니다. "수행修行이란 절제되고 완성된 자신의 모습을 나타내는 것이 아니네. 부처가 되기 위한 하나의 과정으로서, 고통과 번뇌에 물들어 있는 중생인 이 몸을 가지고 있는 그대로 정진을 지속해 나가는 것을 말한다네" 그리고서 다음과 같이 법장이 구제되는 세계와 방법을 일러주었습니다.

"법장 자네 의지가 그러하다면 자네처럼 모든 가르침에서 낙제한 자가 구제되는 세계를 가르쳐 주겠네. 내가 말하는 그곳은 섭취불사攝取不捨*의 세계로 어떤 고통스런 노력이니 실패도 모

---

* 구제되어 버려지지 않는 것.

두 헛되이 끝나게 하지 않는 곳이라네. 그 나라에서는 모든 자를 거두어들이고는 절대 버리지 않지.* 또 그곳에는 고통이라는 단어조차도 없고, 오로지 즐거움과 행복만이 존재한다네."**

세자재왕불은 이어서 "더구나 그 나라는 그곳에 태어나기를 원하면 누구라도 태어날 수 있는 평화롭고 자유로운 나라라네. 그곳은 남녀노소와 선악의 차별이 없는 절대평등의 나라지. 그리고 아주 청정한 나라이며 절대만족의 나라지. 그렇기 때문에 그곳에 태어날 수 있는 자는 마음이 평화롭고 청정한 자비심이 충만한 분, 즉 부처님이라고 불리는 분들뿐이라네"라고 하셨습니다.

가만히 듣고 있던 법장은 "그런 나라야말로 진정 자신이 계속 바라왔던 곳이 아닌가" 하고

---

* 섭취불사(攝取不捨).
** 무유중고(無有衆苦) 단수제락(但受諸樂). 『불설아미타경』.

자신도 모르게 외쳤습니다.

그러고는 세자재왕불에게 "아! 스승님, 그곳은 정말로 좋은 나라네요. 그런 곳이야말로 진정으로 제가 줄곧 추구해 온 세계입니다. 그곳이 제가 구하려던 진정한 세계이기를 바라지만 설마 유토피아처럼 동화 속의 그림이나 이야기 속에 나오는 나라는 아니겠죠?" 하고 되물었습니다.

세자재왕불은 이러한 법장의 물음에 "자네가 의심하는 것도 무리는 아니지. 누구라도 그런 나라는 있을 수도 없다고 생각할 수 있어. 그러나 감사하게도 그곳이야말로 진실이 있는 나라이고 가장 현실적인 나라라네. 자! 그러면 지금부터 자네를 그 현실적인 이상의 나라로 안내해 주지. 그런데 자네는 조금 전에 자신뿐만이 아니라 전 세계 인류가 동시에 구제되어야 한다고 주장했지? 그런 사고를 가진 사람은 진실하고 도의적이며 정의감이 넘치는 훌륭한 사람이기에 곧바로 그 나라에 입국할 수는 있네. 그렇지만 일단 수속규약에 따라 입국희망자들의 자격심사를 받아야 한다네"라고 말씀하셨습니다.

그렇다면 법장비구는 세자재왕불이 시현한 그 말을 믿고 그토록 자신이 원했던 나라에 과연 입국시도를 했을까요?

정토淨土의 건설

법장비구가 그토록 오랫동안 원하고 동경한 절대자유의 나라, 절대만족의 나라인 정토에 입국을 결심하고 드디어 세자재왕불의 자격심사를 받게 되었습니다. 한편 법장비구는 입국심사에 앞서 세자재왕불에게 여쭈었습니다.

"스승님께서는 정토에 입국하려면 자신이 그곳에 태어나겠다는 원願만 세우면 누구라도 곧바로 들어갈 수 있다고 말씀하셨습니다. 그런데 오히려 저에게 자격심사를 받게 하십니다. 그리고 또 입국할 수 있는 자와 입국할 수 없는 자를 분별하여 선택하시는 것은 조금 전 말씀과 모순

되지 않습니까?"

이런 법장의 의문에 세자재왕불은 이렇게 답했다. "그래 모순이라고 생각할 수 있겠군. 하지만 그 이유는 정토라는 곳이 갈팡질팡하지 않는 사람이 안주하고 있는 나라이기 때문이야. 예를 들면 정토라는 곳은 부처님들만의 청정한 나라이기에 지저분한 진흙발로 밟고 들어와 국토를 더럽히거나, 세균을 모르게 가져와서는 안 된다네. 오염된 자가 들어오면 정토가 몹시 미혹하게 되어 정토가 아닌 예토穢土가 되고 만다네.

그러나 자네는 전 인류의 평화를 원하고 있으니, 인류가 고통에서 해방되기를 바라는 휴머니스트인 착한 사람善人임에는 틀림없는 것 같군. 자네는 오염되지 않았으니 아마 입국심사에 낙제할 염려는 전혀 없을 것이네.

다시 말하자면 정토는 청정한 나라이기 때문에 손과 발이 오염되고, 더구나 입에 더러운 피가 조금이라도 묻어 있으면 절대로 들어갈 수 없는 곳이야. 그리고 또한 다음에 해당하는 자의 입국은 각자가 지은 업業의 변화에 따라 입국심사를 다르게 할 수가 있어. 우선 자네에게도 적용되는 심사를 하겠지만 그래도 이러한 악업惡業 규정은 숙지를 해놓을 필요가 있다네. 그 악업은 다음과 같은 항목으로 대표된다네."

여기서부터는 이야기가 깁니다. 하지만 입국자격을 알려면 꼼꼼히 그 기준을 챙겨 읽어야겠죠. 세자재왕불은 법장비구에게 입국자격에 대해 아래와 같이 세세하게 말씀하십니다.

"첫째, 요컨대 모든 살아 있는 생명을 죽인 자들은 이곳에 들어올 수 없어. 그렇지만 다른 생명을 빼앗는 방법도 여러 가지가 있지. 자신의 손으로 직접 살생하는 자도 있고, 남의 손을 빌려 죽이는 자도 있다네. 그리고 생업을 위해 어쩔 수 없이 고기를 잡거나 그 일에 간접적으로 종사하는 경우도 있어. 이들은 결코 악업을 짓지 않았다고 할 수는 없으나 불법佛法에 귀의하여 진정으로 마음속 깊이 참회하고 일념으로 염불하면 그 악업은 사라질 수 있을 것이네.

또 부모들이 아이를 양육하는 과정에서 어쩔 수 없이 다른 생명을 눈에 보이지 않게 서서히 살생해 가는 경우도 있지.

이와 반대로 자녀들이 부모의 재산에만 눈이 어두워 병든 부모를 방치하거나, 형제간에 재산 싸움에만 몰두하며 심지어는 형제와 부모를 살상殺傷하는 경우도 있다네.

또 자신에게 아무런 이득도 없는데 무자비無慈悲하게 살상하려는 악한 마음을 품고 있는 자도 있지. 또한 무책임하게도 자신도 잘 모르는 미혹된 것을 말해 주고는 사람들을 혼란에 빠지게 하여 고통스럽게 죽어 가게 만드는 자도 있어.

또 한편에서는 사는 보람도 없는 인생이라고 방일放逸하며 스스로 삶을 포기하고 자신은 물론 남에게 동반자살을 권유하고 함께 목숨을 버리는 일도 있어. 도대체 자신과 가족만이 풍요를 누리며 살려고 남의 생명과 재산을 빼앗아도 좋다는 행위는 누가 허락한 것인가. 또한 이 세상이 싫어졌다고 자신의 생명을 스스로 끊는다면 언제 누구에게 용서받을 수 있겠는가?*

둘째, 도적질을 한 자가 이 나라에 들어오기는 쉽지 않다네. 남의 물건을 마치 내 물건인 양 탐하여 필요 없는 것까지 훔치는 것은 중한 죄악이야.** 배가 고프다고 해서 남의 식량을 훔쳐 먹는 자 또한 그 악업이 용서되지 않지. 배고프면 구걸을 하더라도 남의 물건을 훔치면 안 된다네.

---

* 불살생(不殺生).
** 불투도(不偸盜).

또한 남에게 주목받고 싶어 하고 가진 것을 자랑하거나 비교하며 비싸고 좋은 물건에 눈이 멀어 형편을 생각하지도, 수단을 가리지도 않고 손에 넣고 싶어 하는 부류들이 있지. 이들은 재탐財貪에 눈이 멀어 아무것도 보이지 않아 부모도 형제도 친구도 이웃도 오로지 물질의 질과 양으로 저울질을 하거나 우위를 나타내기 위해 수단과 방법을 가리지 않고 목적달성을 꾀하려는 자들이야. 이들은 항상 남보다 우위에 있다고 남과의 차별화를 꾀하며 착각하며 살고 있고, 모든 이에게 항상 박수를 받고 싶어 하는 자들이야. 또한 어떤 이는 오로지 자신과 자녀의 일이라면 남을 해하더라도 목적만 달성하면 그만이라고 생각하는 사람들이 있어. 그들은 그것이 얼마나 큰 죄악인지 모른 채 살고 있다네.

셋째, 어떤 이는 남의 여자를 탐하거나 여자에게 고통을 준다네. 이들은 권력과 돈을 이용해

약한 자를 위협하거나 회유하여 자신의 욕망을
채우는 자들이야. 이런 자들은 남을 배려하는 마
음이 적고 오로지 자신의 신체적 욕심만 채우려
하며 비겁한 행동을 반복한다네. 그러나 결국은
그들도 그와 똑같은 아픔을 겪게 될 것이니 그
죄악이 사라질 때까지 깊이 참회해야 하네.*

넷째, 남을 현혹하는 말을 전하거나 불안하게
하는 말을 하여 남을 두렵게 하거나, 심지어 그
러한 것을 보고 즐거워하는 자는 큰 죄가 된다
네.**

말이란 멀쩡한 자들을 죄인으로 만들기도 하
고, 세상을 혐오하게 하거나 살 희망을 잃게 하
는 등 날카로운 칼날보다 더 위험한 것이야. 아
이들은 어른들의 말과 행동을 그대로 따라하게

---

* 불사음(不邪婬).
** 불망어(不妄語).

되는 것이니 아이 교육을 위해서라도 각별히 신경을 써서 말과 행동을 해야 한다네.

항상 남에게 사랑스런 말로 대하고 잘못이 있더라도 부드러운 모습과 사랑스런 말로 그를 잘 일깨워 주어야하네.*

다섯째, 남의 약한 점을 이용해 있지도 않은 일을 믿게 하거나 말로 꾀어서 남의 재물을 갈취하는 일은 큰 죄가 된다네.** 또한 다른 이웃에게도 자신의 욕망을 채우고 편의를 꾀하려고 아무도 모르게 속이고 선량한 자들의 귀를 막고 눈을 가리는 자도 있지.

여섯째, 남을 이간하려고 서로 다른 말을 전하여 싸우게 하거나 심신을 상傷하게 하는 일이 일어나서는 안 되네. 또한 자신의 잘못을 감추려

---

* 화안애어(和顏愛語).
** 불기어(不綺語).

48

고 거짓을 고하거나 그로 인하여 남을 해害한 것
을 깊이 참회懺悔해야 하네.*

일곱째, 남에게 험한 욕설을 하거나 큰소리로
공포와 혐오감을 주면 사람들 마음에 상처를 입
힌다네. 이는 악한 일이니 큰 죄가 된다네.** 또
한 모욕적인 언사로 남의 명예를 훼손하면 상대
는 자신에게 원한을 품게 되지. 남을 모욕하거나
헐뜯으면 그 과보는 자신에게 그대로 돌아오니
해서는 안 된다네.

여덟째, 남의 재물을 탐하거나 빼앗고 그러한
사물에 탐욕하고 집착하는 마음을 가지고 생활
하는 것은 죄악이 된다네.***

탐욕은 눈을 멀게 하고 지혜를 없애며 지혜의
힘을 약하게 하고 장애가 된다네. 그것은 밝음이

---

* 불양설(不兩舌).
** 불악구(不惡口).
*** 불탐욕(不貪慾).

아니고 평등한 깨달음도 아니며, 열반으로 나아가지 못하게 된다네.* 분노와 어리석음도 그와 같지.

자신의 것이 아닌데도, 갖고 싶고 좋아한다고 해서 남의 것을 차지하려는 마음은 도둑 심보이고 자비심이 없는 마음이야. 아무리 모든 대상對象을 갖고 싶고 구하는 마음이 있다 하더라도 인욕忍辱하는 마음을 품는다면 이것이 부처님이 되는 길이며 자비심을 얻는 것이 된다네.

탐욕은 만 가지 일을 그르치고 만 가지 번뇌를 얻게 하는 악중惡中의 악업이니 이 탐욕의 불을 진정시키는 일이 매우 중요한 일이야. 수행자들 가운데도 이 삼독三毒의 번뇌에서 벗어나지 못한 자도 있어. 이러한 수행자들에게 다음과 같은 경계의 말씀이 있다네.

---

* 『잡아함경』(雜阿含經) 제35권, 제4경.

50

비구들아, 모든 것이 타고 있다.

활활 타고 있다.

너희들은 먼저 이것을 알아야 한다.

그것은 무슨 뜻인가?

비구들아, 눈이 타고 있다.

그 대상을 향해 타고 있다.

귀도 타고 있다. 코도 타고 있다.

마음도 타고 있다.

모두 그 대상을 향해 활활 타고 있다.

비구들아, 그것들은 무엇으로 타고 있는가?

탐욕의 불꽃으로 타고, 분노의 불꽃으로 타고,

어리석음의 불꽃으로 타고 있다.

—『상윳타 니카야』35:28, '연소 燃燒'

아홉째, 자기 의사와 맞지 않고 자신의 말을 따르지 않는다고 해서 노怒하며 분憤을 참지 못하면 모든 일을 그르치게 된다네. 조그마한 일을 참지 못하고 성냄을 가지고 생활하면 주위의 사람들이 불안에 떨게 되는 것이야. 또한 자신에게는 이러한 성냄이 병이 되어 돌아오고 모든 일에 화근이 되나니 인욕하여 우선 자신의 마음을 평안하게 하도록 정진精進해야 한다네.* 인욕은 자비심을 만드는 종자種子라네. 부처님들도 인욕바라밀忍辱波羅蜜**로 최상의 자비심을 얻으셨지.

마지막 열째, 무지하고 어리석은 것은 큰 죄가 된다네. 이 세상 모든 문제는 지혜가 없기 때문에 일어나지. 부처님은 항상 우리에게 지혜의 눈을 갖도록 가르치고 계시다네. 따라서 이 무명無明의 어둠을 깨려면 지혜의 빛을 비추어 주시는 부처님의 눈에 의지해야 한다네. 이 지혜의 눈은 부처님의 혜안慧眼일지니 그 혜안을 얻으려

---

* 불진에(不瞋恚).

** 육바라밀(六波羅蜜)의 하나. 아무리 곤욕을 당해도 마음을 움직이지 않고 참고 견디는 수행을 말한다.

면 가르침대로 언제나 바른생활을 하며 쉼 없이
정진해야 한다네. 무지한 것은 선지식을 만나지
못해 바른길을 모르기 때문에 일어나지. 세속의
삿된 것을 추구하며 그것이 진실이라 믿고 오히
려 바른 길을 삿된 것이라고 비판하는 사람들이
있어. 이것은 무지한 소행이야."*

---

* 불사견(不邪見). 십악(十惡)과 오악(五惡)은 몸과 입과 마음으
  로 짓는 열 가지 죄악이다. 살생(殺生), 투도(偸盜), 사음(邪
  婬), 망어(妄語), 기어(綺語), 악구(惡口), 양설(兩舌), 탐욕
  (貪慾), 진에(瞋恚), 우치(愚痴 ─ 사견[邪見]).

법장보살의 자각自覺

이 말씀을 가만히 듣고 있던 법장은 조금 전까지만 해도 자기 자신이 제일이라고 스스로 칭찬하면서, 적어도 나 정도라면 착하고 좋은 일만 하며 열심히 수행하고 살았다고 자부했습니다. 또한 이제껏 이 세상에서 일어나는 모든 사건과 문제는 자기하고는 관계없는 일이라고 생각하고 있었습니다. 그래서 정토의 입국에는 아무런 문제가 없다고 안심하고는 편안한 마음으로 스승님 말씀을 듣고만 있었습니다. 그러나 차츰 시간이 흐르면서 세자재왕불의 가르침을 반복하여 듣다 보니 이것은 아무래도 남의 일이 아닌 자신

의 일처럼 생각되었습니다. 그러고는 점점 더 초
초하고 불안한 마음이 들었습니다. 그렇다고 해
서 이제 와서 도망치듯이 스승님과 결별하거나
법문 듣는 것을 그만둘 수는 없었습니다.

자기 자신은 지금까지 선근善根만을 쌓아 왔
기 때문에 아무런 문제없다고 생각했습니다. 그
는 이렇게 교만한 마음으로 자위하고, 자신은 괜
찮다는 말을 되뇌며 생활했습니다. 그러나 스
승님의 말씀을 빌리자면 자신에게 이러한 교만
한 마음이 조금이라도 남아 있으면 정토에 들어
갈 수 없다는 말씀을 하고 계시는 것이 아니겠습
니까.

법장은 이렇게 생각했습니다.

'내가 천하를 논하고 국가의 안위를 걱정하
며, 세계 평화를 원하고 민주와 자유를 외치고,
속박된 체제로부터 해방운동을 한다고 합시다.
그렇게 대단히 훌륭한 사고를 가지고 말을 하고

있더라도, 삼업三業*이 청정하지 못한 자신의 위선을 깨닫지 못하면 그것 또한 나쁜 업을 짓는 것이지 않겠는가.'

법장은 이렇게 생각하며 지금까지 자기 자신의 어리석었던 마음을 깨달은 것입니다. 따라서 다른 모든 사람도 의식의 저변에 자신이 느끼지 못하는 악업이 이렇게 조금이라도 남아 있다는 것을 깨달아 주기를 바라는 마음이 간절히 일었습니다.

세자재왕불은 이어서 법장에게 말씀하셨습니다.

"명예를 얻고 싶어 하고, 남보다 지식이나 문장文章이라도 더 알고 조금이라도 재물을 얻고

---

* 신구의(身口意)의 행위, 즉 몸으로 행동하고, 입으로 말하고, 마음으로 생각하는 행위.

싶은 명문이양名聞利樣*과 같은 마음이 자네 마음에 한 가닥 머리카락만큼이라도 섞여 있다면, 맨 먼저 낙제 대상이네. 법장 자네는 정직한 자가 어이없는 피해를 당하는 이 세상이 싫어졌다고 했지만 정직한 자가 이 세상 어디에 있다고 보는가? 뜻밖에 자네가 생각하고 있는 정직은 자기중심적 사고방식에서 자신만은 이제부터 탈선하지 않으면 된다는 것이더군. 자신이 마음대로 선악의 선을 긋고 그 선을 벗어난 인간이 자기 맘에 안 든다고 다른 인간을 비판하고 있었던 것이 아닌가. 이 점에 대해 자네는 바로 이렇게 반문하고 싶겠지?

'그것은 저 혼자만 그런 게 아닙니다. 세간世間의 인간은 모두 다 그렇게 생각하고 행하고 있

---

* 세상에서 얻는 명성과 이득. 불교에서는 수행자가 명예를 구하고 재물을 탐하는 일.

지 않습니까?'라고 변명을 할 수 있을 것이네.

법장아! 그러하다면 지금까지 그대 자신이 벌인 행위는 모두 다른 인간과 동렬동격同列同格*이 아닌가? 그것을 어떻게 다르다고 구분할 수 있는가?

그대 자신도 그들과 같은 패인 주제에 그렇지 않은 양 나쁜 속마음을 감추고 있지 않은가? 마치 자네는 그들보다 고상하고 다른 부류인 것처럼 여기고 자신은 깨달은 고귀한 성자와 같이 행동하고 있어. 게다가 스스로가 상위 0.1%의 특별한 계층처럼 우쭐해 있는 자신의 마음 그 자체를 늘 자신에게만 용서하고 동정하고 있다고 생각하고 있지 않은가?

그대는 무엇보다도 지금 정토를 원하는 야망을 버리고 번뇌에 괴로워하고 있는 이들과 함께

---

* 같은 수준이나 같은 위치에 섬.

솔직하게 고민을 해보아야 하지 않겠는가? 자네가 지금까지 혹독한 수행으로 자신이 안고 있던 번뇌를 극복하려고 대단히 노력해 온 것을 안다네. 그렇지만 그것은 원래 자네 자신의 번뇌에 의해 생을 받고 번뇌에 의해 생을 연명해 가고 있는 중생인 그대 자신의 본래모습이 아니던가? 자신을 넘어선 자신의 생명인 번뇌를 숨기려 하거나 억지로 누르려 하지 말고 스스로에게 솔직하게 엎드려 머리를 조아려 보면 어떠하겠는가?

인간은 오욕五慾*의 욕망의 늪에서 헤어나기가 심히 어려운 존재라네. 심지어는 환영幻影을 본 것 같이 자신의 것이 아닌 남의 재물을 탐하고, 남의 여인을 탐하고, 음식을 과하게 탐하면

---

* ① 불도를 닦는 데 장애가 되는 다섯 가지 욕심, ② 중생의 참된 마음을 더럽히는 다섯 가지로 오묘욕(五妙欲, 五妙色, 五妙)이라고도 하는데 색성향미촉(色聲香味觸)의 오경(五境)에 대한 욕구를 가리킨다.

서, 자신의 명예를 좇아 물불을 가리지 않지. 그러면서 남에게는 고단함을 주면서도 모른 체하고, 자신의 안락을 위해서는 수단방법을 가리지 않지. 이러한 욕심과 갈애渴愛*의 원천인 오온五蘊**으로 이루어진 심신은 오로지 희락喜樂만을 추구하려고 죽을 줄 모르고 줄 곳 내달리기만 하고 있다네. 그것이 자네의 실체라는 걸 알고 있는가?

모든 인간은 각각 인식하는 요소가 결코 동일하지 않다네. 언제나 끊임없이 변화하는 무상無常한 존재인 게지. 흐르는 강물같이 항상 멈추지

---

* 목마른 사람이 물을 구하듯 범부가 오욕(五慾)을 탐하는 것.
** 자아 또는 영혼은 이 요소들의 어느 하나와 동일하지도 않으며, 그것들의 총합도 아니다. ① 색: 신체를 구성하는 물질로서 흙·물·불·공기(지수화풍[地水火風], 사대) 등의 4가지 요소로 이루어진 드러난 형체, ② 수: 감각 혹은 느낌, ③ 상: 감각대상에 대한 지각, ④ 행(行 samskara): 마음속의 구성물, ⑤ 식: 다른 수·상·행온의 3가지에 대한 앎 또는 인식이다.

않는 시간상에 놓여 자네가 움직이지 않고 눕거나 앉아 있더라도 세월이란 시간은 제멋대로 흘러가는 것이야. 다시 말해 흐르는 강의 물질을 구성하고 있는 물결이나 형상은 매순간마다 변화하고 다르게 보이지만 틀림없이 강물이라는 본질과 동일성을 유지하고 있다네. 이처럼 인간의 삶도 마찬가지야. 모든 것은 이렇게 쉼 없이 흘러가는 것이지. 자네의 즐거운 삶도 괴로운 삶도, 자네가 가지고 있던 권력과 재력이나 건강에 관계없이 그 세월은 그렇게 흘러 지나가버린다네.

이런 현상 속에서 자네는 자신의 몸에 대한 무상함의 자각自覺 없이 사물이나 남이 마치 자신을 위해 존재하는 것처럼 생각하고 있다면 크게 잘못된 일이야. 그렇다면 자네 수행에 많은 착오가 있는 것이야. 다시 말하여 남과 나의 삶을 동일한 조건 위에 놓고 직관하여 그들과 화합

하는 삶이야말로 최고의 삶이 될 것이라네.

법장, 주위를 잘 돌아보게! 지금 세태에 찌들어 그곳에서 탈피하려고 고뇌에 가득 찬 얼굴을 한 무리들이 이 세상에 넘쳐나고 있지 않은가. 자네 또한 그들과 동일하게 그 번뇌 덩어리를 안고 있는 무리 중 하나일 뿐인 것이야. 적어도 이 세계에서는 삶의 고뇌에 찬 번뇌가 중생 자체가 되고 그 번뇌가 또한 자네 자체가 되는 것이야."

세자재왕불은 말씀을 계속했습니다.

"자네가 남보다 뛰어나 세계평화와 사회정의, 빈민의 구제와 평등 그리고 민주와 자유를 외쳐 보아도 그것이 인간 입에서 외쳐지는 한은 바로 말해서 자기가 생각한 대로 하고 싶다는 욕망과 번뇌에 지나지 않는 것이야. 이것을 깨닫는다면 자네가 가지고 있는 생명의 근원인 번뇌를 존경하고, 타협하여 조금이라도 그 번뇌에서 벗어나려고 생각하지 말아야 해. 번뇌를 안고 있는 그대로가 자네의 생명이고 그것이 바로 그대의 모습이 되는 것이야. 그와 같이 일체 중생의 번뇌를 존경하면 거기서 의외로 자유스런 세계가 열리지 않겠는가?”

　법장비구는 세자재왕불의 가르침을 가만히 듣고 있으면서 지금까지 탐욕을 버리려던 자신의 계행戒行이 얼마나 허구虛構였었던가 깨달았습니다. 남에게는 욕심을 버리라 하면서 자신은 또 다른 욕심을 내려 하고 있는 위선에 찬 모습을 문득 되돌아보니 얼굴을 들 수조차 없었습니다. 거기까지 생각이 미치자 마치 자신의 옷이 점점 벗겨져 벌거숭이가 된 기분이 들었습니다. 지금까지 교만했던 자기 자신이 한꺼번에 주르르 무너져 내리고 속내가 적나라하게 나타나 진실로 몸 둘 바를 모르게 실로 부끄럽기 짝이 없었습니다. 그것은 자기 자신의 적나라한 알몸 모

습이 속속들이 드러나 남에게 가감 없이 보여주
는 부끄러움 때문에 더는 어쩔 줄 몰라 하면서도
자신을 계속 지켜보려는 최후의 몸부림같이
느껴졌습니다. 그러고는 큰 깨달음과 함께 지금
까지 꿈에도 생각지 못했던 넓고 밝은 세계의 품
에 안겨 있는 자신의 참 모습을 발견하게 되었습
니다.

"스승님 저는 지금까지 중생구제를 위한 수행
을 게을리 하지 않고 열심히 정진해 왔습니다.
저는 이 세상에서 당연히 살 가치가 있고 다른
사람에게 존경 받을 만한 자라고 자만했습니다.
어리석게도 이 세계에 존재하는 일체의 것은 모
두 이 미미한 나 하나만을 위해 존재하는 것이라
고 저의 마음속 깊은 곳에서 굳게 믿고 살아온
것처럼 여겨집니다.
자기의 생각대로 하고 싶다고 했고, 또 바라

던 것이 이루어지지 않으면 실망도 하고 고민하며 고통스러워했습니다. 자신이 대단히 가치 있는 존재라는 걸 믿지 않고 남을 의식해 다른 물질적 가치나 권위적 가치에만 기준을 두고 살아왔습니다.

또한 지금까지 미혹했던 자신인데도 그러한 보잘것없는 존재의 일원이라는 것도 알아채지 못했습니다. 폭군과 사악한 무리들은 바로 이러한 저 자신의 모습이었고 제 일이었습니다. 저의 한숨 한숨의 호흡과 저의 가슴 속에 두근거리고 있는 심장의 고동소리, 이것이 있으므로 해서 제 생명이 지탱되고 있었습니다. 그러나 말씀대로 그것은 제 수행과 의지로 자유로워지는 게 아니었던 것입니다. 제 생명의 근원은 실로 저 자신의 손이 미치지 못하는 곳에 있었습니다. 그것을 잊고 자신의 생각대로 되지 않는다고 화를 내거나 푸념을 하고 욕심을 일으켰습니다. 이렇듯 자

기 자신의 분수도 모르는 어리석은 놈이었던 것
입니다. 지금까지의 저를 지탱해 왔던 생명의 근
원을 정말로 불손하게 대한 것임을 마음속 깊이
참회하옵나이다.

아! 이런 부소존자不所存者*에게도 저 태양은
어찌나 따스하게 내리쬐어 주시는지 모릅니다.
바람은 어찌나 산들산들 불어 주시는지 그리고
모든 사람과 모든 물체는 저에게 어찌나 다정하
게 대해 주시는지 정말이지 자기 분수를 모르는
뻔뻔한 놈을 지금까지 아무 말 없이 지켜 주고
길러 주셨던 것입니다. 그 모두의 관용함에 대해
저의 좁쌀 같은 마음이 피땀으로 얼룩질 정도로
부끄럽습니다.

더구나 눈물 나게 친절한 것은 제 생각대로
되지 않는 것을 계속하여 눈앞에 보여주시면

---

* 갈피를 잡지 못하는 존재감이 없는 자.

66

서 '자기 자신의 분수를 알게 해주시고' '거만해
져 있는 자신이기에 스스로 어리석음의 괴로움
을 알라' 하고 밤낮으로 알려주셨던 것이 아니겠
습니까? 어쩌면 제가 이 세상에서 최고의 수혜
를 입고 있으면서도 한 치의 고마움을 모르고 살
고 있었던 은혜도 모르는 어리석은 자였습니다.
살아 있는 것 자체가 최대의 자비인 걸 알지 못
하고 이 세상을 저주하고 부처님을 원망해 왔습
니다. 제가 어제까지 받들고 있던 부처님이란 것
은 자신의 생각대로 어떻게 해보고 싶다는 희망
을 저편에다 장식해 놓고 합장하고 있었던 것입
니다. 참으로 제멋대로인 것을 모르고 이렇게 믿
는 것을 진정한 신앙이라고 착각했습니다.

　저는 지금 밖을 내다보는 눈이 감기고, 안을
들여다보는 눈이 활짝 열린 것처럼 생각됩니다.
감사하게도 특별히 명안明眼을 지니신 스승님
과, 선지식들의 가르침인 타력他力의 지혜를 빌

리지 않고서는 도저히 저 자신의 참된 모습과 참 다운 세상을 바로 볼 수가 없었을 것입니다. 이 제야 겨우 제 생각대로 되지 않던 사람이나 물 건, 사건 등에 대해 집착하고 편견을 가졌던 것 이 부끄럽고 후회스럽게 되었습니다."

　법장이 스승 앞에 엎드려 진실로 고마움을 표 하고 참회를 하자 갑자기 뺨에 뜨거운 눈물이 흘 러내렸습니다. 그러자 조금 전까지 우울한 표정 이었던 법장의 얼굴이 갑자기 밝은 모습으로 바 뀌었습니다. 아마도 이러한 법장의 크나큰 자기 혁명의 변화를 지켜보며 세자재왕불도 아주 깊 이 기뻐하고 계셨을 것입니다. 전부터도 밝았던 법장의 얼굴에는 더욱더 밝은 빛이 드리워졌습 니다. 상호相好와 상호의 광명이 서로 비추고 마 음과 마음이 서로 통하는 것과 같은 법장의 말은 그대로 세자재왕불의 말씀과 동일한 것이었습니 다.*

　　이윽고 이것이 구제를 선언하는 세자재왕불과 법장 간의 공통된 귀중한 말씀金言이 되는 사건이 된 것입니다.

　　법장이 지금까지 자기 자신에게 제로였음을 깨닫고 보니 이러한 참회懺悔**의 가치를 알고 처음으로 그것을 알게 해준 이 세상 일체의 선지식에게 머리가 저절로 숙여졌습니다. 그리고 지금까지의 모든 불평불만은 구름처럼 없어지고 안개처럼 사라져 그 몸 그대로 대만족의 경애境涯***로 전환되어 새롭게 태어날 수가 있었던 것입니다.

---

* 『무량수경』의 불불상념(佛佛相念).

** 잘못을 뉘우쳐 해탈을 구하는 불교의 수행법. 참회의 한자 참(懺)은 범어의 크샤마(Ksama, 懺摩)라는 음역을 줄인 것으로 '용서를 빈다', '뉘우친다', '인(忍)'이라는 뜻을 가진 말이며, 회(悔)는 크샤마의 의역이다.

*** 처해 있는 환경이나 처지나 위치.

그는 혼자 부르짖듯이 말했습니다.

"나는 이전 세계에 일찍이 존재했고 지금도 존재하며 장래에 또한 존재할 것입니다. 나는 지금 일체를 있는 그대로 받아들이며 긍정할 수가 있습니다. 나는 스승님의 입국심사에도 낙제하고 일개 번뇌인으로 돌아가겠습니다. 이 번뇌인이라는 자리에 머물러 세상을 바라보니 실로 이 세계가 얼마나 광대하고 밝은가를 느낄 수 있었습니다. 저는 지금 스승님의 입국심사에 철저하게 낙제되고 처음으로 스승님께서 말씀하신 섭취불사攝取不捨*의 나라인 이 극락정토의 정중앙에 불가사의하게도 태어나 있는 자신을 발견했습니다. 저는 지금에야 겨우 왕생의 길에서 미혹했던 숙업宿業의 모순이 모두 풀렸습니다. 스

---

* 부처님의 본원인 중생구제의 원력으로 고통받는 일체 중생을 버리지 않고 받아들여 구제하는 부처님의 자비.

승님의 존귀한 이름이 세자재왕불인 이유를 지금에야 알게 되었습니다. 저는 지금까지 법장法藏이라는 이름 속에 훌륭한 것이 가득 차 있다는 착각과 자만 속에 살아왔습니다. 이렇게 스승님과 만나지 못했다면 이 몸이 얼마나 보잘것없는 미물이었는지 감히 생각이나 했겠습니까?”

지금 법장에게는 이 세상 모든 번뇌가 번뇌 자체로 진정되고 있었던 것입니다. 그는 이 번뇌가 있기에 누릴 수 있는 절대자유, 절대만족의 세계에 태어날 수 있다는 것을 알게 됐습니다.

“극락정토의 장엄莊嚴이란 실로 전 인류의 모든 번뇌가 운집한 눈부시게 빛나는 세계인 것입니다. 저 또한 눈부시게 빛나는 번뇌인 중 하나로 지금이야말로 아미타불의 세계인 극락정토의 경계를 받들게 되었습니다. 본래 어리석은 저는 지금 이 경계를 알면서도 망각의 날을 보내며 내일이 오면 또다시 다른 번뇌의 고통에 시달리고 있었겠지요. 그러나 이제부터는 번뇌가 있는 그대로의 자기 자신으로 되돌아가 진정으로 정토에 태어나기를 간절히 원하겠습니다. 저는 여기서 이후에 올지도 모르는 번민을 위하여 장엄된 저 정토에 태어나게 되는 연고자인 일개 범부로서 한 가지 짧은 말을 선택하고 싶습니다.

저는 더 이상 자아自我에 의지하지 않고 제 근기에 맞게 빨리 타력他力의 불가사의한 원력에 의지하려 합니다. 그리고 '본래 우리의 목적지인 안양安養의 고향으로 되돌아갑시다'라고 외치고 싶습니다. 그곳을 절대만족의 경계로 삼기 위해 이제 그대로 나의 마음을 모아 정토의 세계를 흠모해 나가겠습니다. 이후 저는 이 원을 성취하는 것으로 일체의 중생과 함께 마지막 안락의 장소인 정토에 태어날 것입니다.* 이 정토세계에

---

* 구회일처(俱會一處). 극락정토에서 태어나 만난다는 것.

서 저 자신을 깨닫고 누리는 즐거움이 자신의 발
밑에서부터 시작되고, 펼쳐 나갈 수 있다는 기쁨
을 모두 함께 나누어야 합니다. 금일 제가 느끼
는 이 기쁨을 후일 태어나 번민할 수 있는 수많
은 새로운 영혼에게 전해 주어야 합니다. 그러려
면 저는 스승님이 행하시는 보살도菩薩道를 본받
아 인간세계를 여기저기 돌아다니며 고뇌의 범
부 옆에 서서 저를 구해 준 절대만족의 세계를
가르쳐 주겠습니다.

이 정토세계의 장엄 그리고 부처님의 의취意
趣를 모든 이들에게 바로 전하겠습니다. 그리고
저는 모든 번민하는 영혼이 갈구하고 있는 각각
의 행복과 만족을 얻기까지 정토의 염불을 전하
고 영겁永劫토록 정진하며 구제되지 않은 사람들
이 있는 곳에 계속 머물겠습니다.”

법장보살의 숨결

이렇게 법장보살은 영원한 삶을 찾기 위한 유랑을 시작하게 된 것입니다. 이제 그는 일체 모든 중생을 구제하지 않을 수 없다는 큰 결의로 거듭 큰 원인 48원을 세우고 법장보살이 되셨습니다. 이후 법장비구는 자기 스스로 세운 대원大願을 성취하고 구제되어 부처의 반열에 오르시는데, 이분이 바로 아미타부처님이십니다.

이 법장보살의 중생 구제에 대한 원은 약 2600년 전의 옛날에 석가세존의 가슴속 깊이 머문 일대一大의 이야기입니다. 우리가 어렸을 때부터 귀동냥 해온 아미타불의 정토 즉 극락세계는 이러한 이야기를 배경으로 하고 있습니다. 법장보살이 세우신 중생 구제의 원이 성취됨에 따라 그의 구원의 손길은 언제 어디서나 인류의 고뇌와 함께합니다. 우리에게 번뇌가 계속되는 한 법장보살님의 손길도 계속하여 우리를 향합니다. 따라서 우리가 삶에 고뇌하는 그곳에는 항상 법장보살님이 곁에 계실 것입니다.

과거에도 현재에도 그리고 미래에도 보살은 모든 중생에게 "그대는 매우 노력하고 있지 않은가? 지금 당장 숨이 멎고 심장이 움직이지 않을지도 모르는 나약한 몸을 입고도, 자신의 힘으로 열심히 살아가고 있지 않은가? 그대들이 곧바로 '나무아미타불!' 하며 합장을 하고 머리를 숙일 수 없는, 자부심이 강한 자신을 그대로 드러내더라도 괜찮다. 다만 살아내려고 노력하는 자네가 있는 바로 그곳에서 광대하고 밝은 세계가 열릴 것이니 두려워 말고 앞으로 걸어가라"

하고 계시는 것이 아니겠습니까? 이처럼 법장보살님은 우리 가슴 깊이 파고들어 와 따스하고 부드럽게 속삭여 주시고 계십니다.

이러한 배경으로 탄생한 '나무아미타불'의 염불은 진실로 짧은 속삭임의 말처럼 느껴지지만 그 안에는 우리 조상들이 영화로운 광명을 구하려고 악전고투하며 찾은 생生의 길이 환하게 펼쳐져 있습니다. 그것이 우리에게 전승되어 진실한 기쁨의 역사로 결정結晶되고 있는 것입니다. 이 명호名號 가운데서 우리는 아직 알지도 못했던 전 인류의 슬픔과 기쁨을 현실에서 직접 만날 수 있는 것입니다. 언제 시작되었는지 모르는 아주 오래된 말, 이 진실한 말씀을 통해 이전 세대에서 현세대인 나에게로 그리고 다음 세대로 구제된 새로운 혼魂이 전해지는 것입니다.

역대 조사祖師들과 우리가 모두 매일 생활하는 것이 바로 '나무아미타불'인 것을 생각하면 전 인류의 역사는 실로 공통된 염불의 역사라고 말할 수 있습니다. 염불은 당장에 생겨난 것이 아닙니다. 이 염불이 언어로 변화되는 과정에는 구원겁久遠劫 이전부터 제불諸佛들의 진정한 혼과 치열한 인욕이 깃들어 있음을 알아야 합니다. 이 진실한 말을 찾아내려는 구도의 정신으로 간절히 발원한 그들이 있었기에 이 염불 정신이 살아 우리에게까지 올 수 있었던 것입니다.

제 2 장
극락정토의 장엄莊嚴

새로운 혼魂을 찾아

혼魂의 출발

누군가가 갑자기 저녁식사 자리에서
일어서 박차고 나간다.
그러고는 쉬지 않고 어디까지나 언제까지나
한없이 걸어간다.
동방東方의 어떤 작은 시골마을에
그가 가고자 하는 안식처가 있는 것이다.
자식들은 그를 죽은 이와 같이 축복하고자
한다.
그러나 내 집에서 죽었으면 부친은

그 집에 살아 있던 흔적이 있다.
식탁과 잔 속에 그가 남아 있는 것이다.
이윽고 자식들도 그와 같이
넓은 세계로 나갈 것이다.
그리고 잊은 부친이 있을
저 안락처로 찾아갈 것이다.
— 라이너 마리아 릴케

독일의 시인 라이너 마리아 릴케Rainer Maria Rilke*의 시詩입니다.

릴케는 그의 일생을 신神을 찾는 혼魂의 편력의 길을 걸었던 사람이기 때문에 그의 작품은 대체로 종교적인 향기가 짙습니다. 이 시는 일상성

---

* 1875년 12월 4일, 프라하 출생 1926년 12월 29일 스위스 발몽에서 사망했다. 독일 국적. 저서에는 『두이노의 비가』 등이 있고 「오르페우스에게 바치는 소네트」 같은 작품으로 국제적인 명성을 얻었다.

안에 안주하지 못하고 항상 현실과는 다른 세계에 매몰되어 있는 인간의 숙명宿命을 노래한 것이라 말할 수 있습니다.

우리도 그렇듯이 한창 행복이 절정에 오를 때 갑자기 말도 못할 정도로 공허감과 불안감이 급습해 와 마음을 짓누를 때가 있습니다. 또 그와 반대로 자신이 사는 세계에 대한 공포와 무자비한 인간관계에서 오는 박탈감과 불안감에 시달리는 경우도 많습니다. 그 결과 공황장애와도 같은 정신적 시달림으로 모든 것을 포기하고 싶을 때도 있습니다.

남들이 부러워할 정도로 행복하고 평온한 삶을 사는 이에게도 찾아들 수 있는 이런 공허감은 도대체 어디에서 오는 것일까요? 물론 불행의 늪에 빠졌을 때 어떤 이는 '인생이 과연 살 가치가 있는 것일까?' 하며 자괴감에 빠질 수도 있고, 그와는 반대로 어떤 이는 심각한 얼굴 한번 짓지 않고 마치 처음부터 아무것도 없었던 듯이 무심하게 살 수도 있습니다. 그만큼 어떤 문제를 대하는 자세도 사람마다 제각각입니다.

사실 우리가 가장 행복하다고 느낄 때 찾아오는 공허감과 끝 모를 불행에 빠진 듯한 삶의 고통을 느낄 때 찾아오는 공허감은 겉으로 보면 몹시 다르게 보입니다. 모든 사람이 이전의 고통스런 절망에서 벗어나 생에 대한 의지가 일어나게 되면 생활이 안정됩니다. 그러나 가끔은 행복한 삶을 느끼는 순간에 지난날의 불행이 다시 엄습해 올 것 같은 불안을 느낄 수도 있습니다. 이럴 때 엄습하는 불안과 공허감의 강도는 이전의 고통과 같을 수 없고, 훨씬 셉니다. 또한 그 불안을 넘어서려 하는 의지 또한 이전과 같지 않습니다.

우리가 성취되었다고 믿는 행복의 세계는 완전한 안락의 세계가 아닌 우리가 의심하고 있는 미완의 세계에 불과합니다. 우리는 행복의 항상성을 추구합니다. 아니 추구하기보다는 막연히 지속되리라고 믿고 불안함을 묻은 채 평상시처럼 생활하고 있습니다. 이 불행과 행복이라는 외관은 각자 몹시 다르게 나타나지만 어쩌면 우리가 느끼지 못하는 어두운 뒤쪽에서 이 둘이 손을 잡고 거래하고 있는 것 같은 의심도 듭니다.

우리는 행복할 때 행복에 매몰되고 세태에 현혹되어 있어 불행이 닥쳤을 때는 혼미하여 갈피를 잡지 못하고 어찌할 줄 몰라 합니다. 이러한 절망의 늪에 빠져 있을 때 우리는 어떻게 그곳을 빠져 나올 수가 있을까요. 또는 내게서 모든 것이 떠나가고 모두를 잃은 것 같은 실의에 차 있을 때 무엇으로 그 슬픔을 달랠까요. 이 세상 누구나가 이러한 상황에 직면할 수도 있고 또 사람들 대부분은 실타래같이 꼬여 있는 그런 상황을 풀어보려고 안간힘을 쓰기도 합니다. 우리는 자신이 직면한 이러한 고통을 넘어서지 못하면 삶에 대한 희망을 잃어버리게 됩니다. 어떤 이는 자살이라는 극단적인 선택의 기로에 다다라 지독한 번뇌와 갈등으로 몸부림을 치기도 합니다. 모처럼 우리들 안에 잠재되어 있던 선근의 새싹이 무의식이라는 흙을 밀치고 나왔는데 이와같은 극단적 행위는 공허함과 불행의 실체를 구명하여 해결하려는 작업에 큰 방해가 되어버립니다. 사실은 공허감과 의혹투성이인 생활 자체가 번뇌의 실체를 구명하는 데 아주 중요한 역할을 합니다. 우리가 삶 속에서 만나는 행복과 불행에

대한 의혹과 갈등은 역설적으로 이 새싹의 귀함
을 우리에게 알려주는 기회입니다.

각종 귀중하다고 생각하는 학문이 우리 주위
에 많이 있지만 이런 공허감과 삶의 의혹의 실체
를 구명하는 것을 사명으로 하는 학문은 그리 많
지 않은 듯합니다. 물론 이것은 도덕적인 문제도
철학적인 문제도 아닙니다. 이 어둠의 고통 속에
서 귀중한 행복의 새로운 싹을 얻는 것이야말로
진실로 종교만이 취급할 수 있는 과제가 아니겠
습니까?

앞의 릴케의 시에서 가족의 저녁식사가 한창
일 때 일가의 단란하고 즐거운 자리를 돌연히 박
차고 나간 주인공은 과연 누구일까요? 이 시의
경우 그 주인공이 부친이지만, 한편 그 누군가는
어느 개인임과 동시에 우리 모두가 아닐까요?
물론 더 나아가서는 나 자신이기도 합니다. 이러

한 나 자신은 일상생활에 만족하지 못한 영혼입
니다. 무엇이 인간의 진실한 생활인가를 알아내
지 않고는 못 배기는 영혼이기도 하고 그리고 의
식衣食이 충분하고 예절을 알고 있더라도 일상생
활에 무언가 불만인 영혼, 그러한 자체인 나인
것입니다.

'아! 진정 슬프구나'라고 느끼는 감정은 자신
이외 다른 사람은 잘 이해하지 못합니다. 비프스
테이크를 썰고 포도주를 마시는 것을 인생의 참
다운 즐거움으로 여기며 현대의 상류층이기를
자부하는 사람들도 있습니다. 이들은 고가의 다
이아몬드나 진주목걸이 같은 것을 지니고도 유
행에 뒤처질까 봐 새로운 것을 찾아다니며 노심
초사하기도 하고 유명브랜드 쇼핑에 혈안이 되
어 있습니다. 그것도 남보다 빨리 더 많이 가지
려 부정한 방법을 사용하기도 합니다. 또한 권력
욕에 눈이 멀어 수단과 방법을 가리지 않고 국회

의원 배지를 달려 하고, 장관 자리에 앉아 권력
을 휘두르며 만족과 희열을 느끼는 사람들과 그
렇게 되려고 꿈꾸는 사람들도 있습니다. 이러한
세속적 행복 앞에서 정신 못 차리고 있는 사람들
에게는 일반 상식적 이해와 정도를 넘어서 남이
안중에 있지 않습니다.

　아마도 오붓하게 식탁을 둘러앉아 있던 가족
들은 평온한 식사 도중에 갑자기 불만을 표출한
그를 보며 무척 당황했겠지요. 그는 무엇이 불만
이며 또 무엇이 부족하여 집을 나간 것일까요?
더욱이 아무 말도 하지 않고 나간 그는 아무래도
공황장애가 왔거나 정신이 나간 건 아닐까요?
그의 가족은 멀거니 서서 바라보며 그를 보낼 수
밖에 없었습니다. 남은 가족들은 서로 얼굴을 마
주보며 한숨을 쉬고 있었겠지요. 마치 무엇에 홀
린 사람처럼 집을 나가버린 부친은 도대체 어디
에 간 것일까요? 그가 어디로 갔으며, 무엇 때문

에 가출을 했는지 여기서 잠시 함께 생각해 보겠습니다.

어쩌면 그는 서방西方을 향해 갔을지도 모릅니다. 그 곳에 그가 그토록 구하던 안락의 정토가 있었나 봅니다. 그렇다 하더라도 가족들은 그가 늘 꿈꾸던 그 땅으로 가려던 것을 막지는 않았고 그 역시도 가정에 대한 불만을 표출하고 가출하지는 않았습니다. 그의 가슴속에는 최근에 갑작스럽게 공허가 입을 열고 있지 않았을까요. 그 공허는 오랫동안 그의 가슴속에 쌓여 왔고 그로 인한 가출은 평상시 그가 느꼈던 삶에 대한 불만족의 과보로서 올 수가 있습니다. 지금까지 그가 원만한 가정, 충실한 가족을 꾸리고 있었더라도 진정으로 그가 구하던 것은 돈이나 명예, 어떠한 명품 옷과 맛있고 호화로운 요리로도 대신할 수 없었던 모양입니다. 말하자면 현재의 풍요로운 생활의 연속선에서 그는 문득 후생後生의

일대사一大事에 대한 의문을 안고 새로운 삶의
방향이라고 여긴 그곳에 매달린 것입니다. 여태
까지 가족들에게 둘러싸여 그간 보지 못했던 새
로운 세계에 눈을 뜨고 그곳을 동경하며 깊은 고
독감과 공허감에 지쳐 가지 않았을까요.

　누구도 내면의 변화가 시작된 그를 이해하려
들지 않습니다. 언제까지나 하나라고 믿고 청춘
을 바쳤던 그의 가족들에게서도 그 공허감을 메
꿀 수 없었습니다. 그렇기에 공허감을 채울 새로
운 길을 찾아 집을 나선 것이라고 이해해도 무리
는 아닐 것입니다. 집 문을 박차고 나가는 순간
이제 그는 세간世間의 구도자로서 출발하여 출세
간에 자신의 모든 것을 위탁하려 할 것입니다.
그곳 어딘가에는 분명히 새로운 세계가 펼쳐져
있고 거기에서 그 안락을 얻을 수 있다고 믿으며
집을 나가 출가出家를 한 것이 아닐까요. 그 출
발이 다행인지 불행인지는 그의 행보에 달렸겠

지요. 물론 집에 남겨진 가족들은 그를 걱정하며 행복한 결정인지 알 수 없는 미지의 세계이지만 오로지 그가 가는 길에 행운을 빌 수밖에 없는 것이겠죠.

대개 가정에 대한 불만으로 집을 나갔다고 하면 출가가 아닌 가출家出이 되겠죠. 만약 우리가 가출을 한 것이라면 노숙자로 전락하거나, 결국 어느 가정으로 들어가거나, 아니면 집으로 다시 돌아갈 수밖에 없겠죠.

여기에서 릴케가 말하는 가출인은 바르게는 출가자라고 해야 하지 않을까요? 그렇기 때문에 그는 문을 박차고 나간 채로 이제는 결코 집으로 되돌아오지 않을 것입니다. 그를 기다리던 가족들도 모두 지친 채 체념하기에 이르렀을 테죠. 지금까지 그를 중심으로 유지됐던 가족체계가 새로운 질서체계로 다시 짜일 것입니다. 돌아오지 않을 그를 이제 가족이란 반열班列에서 제

외해버린 것입니다. 자식들은 그를 출가자로 인정하고 이제 이 세상에 없는 죽은 자로서의 그를 축복하려 합니다. 가족들은 가출한 그를 자신들의 가슴속에서 지워버린 것입니다.

그러나 가출이 없었다 하더라도 그의 가족들은 평상시 그대로 세속적인 행복에 만족하며 남들처럼 살아갈 것입니다. 그의 딸은 돈을 모아 시집을 가고 아들은 예쁜 아내를 얻고 태어난 귀여운 아이를 돌보며, 소위 보편적 행복인으로서 삶을 끝낼 수도 있습니다. 그러한 가족에게는 가출한 부친에 대한 기억은 그가 가족에게 남긴 은혜와 집안에 남긴 조그만 흔적뿐이겠죠. 아니면 그와 반대로 아예 좋은 기억이 없었을지도 모릅니다. 그렇지만 그와 함께했던 식탁에도 소파에도 유리잔에도 떠난 이의 추억이 배어 있을 것입니다.

만약 그가 세간의 삶에 만족하며 가장으로 살

다가 죽었다고 해도 그의 진실이 자식들의 세속
적 행복 안에 머물러 있다고 할 수는 없습니다.
부친을 보내고 나서 가족들의 가슴속에 진실한
인간의 삶이란 무엇인가 하는 의문이 떠올랐다
하더라도 이미 부친은 그들의 곁을 떠났습니다.
그에게는 남기고 떠난 식탁도 유리잔, 살림살이
나 집까지도 자신을 잡아둘 쇠사슬 따위는 되지
못할 것입니다. 그의 아들 또한 부친이 해왔던
것과 같이 공허감을 느끼고 부친이 걷고 있다는
진실한 행복과 광대한 세계를 찾아 집을 나가게

될 수도 있겠지요. 분명히 그들의 부친은 가족들도 모르고 있었던 서방 정토를 찾아갔을 것입니다.

릴케가 이 시에서 말하려는 것은 무엇일까요. 어쩌면 이런 것이 아닐까요? '우리 인간들 가운데는 세속적인 행복에 현혹되어 아쉽게도 일생을 끝내는 자도 있습니다. 인간의 마음속 저변에서는 채울 수 없는 욕망 주머니가 수없이 생겨날 수 있습니다. 그러나 우리가 삶에서 얻으려고 했던 것을 모두 얻었다고 해서 만족한 생활을 했다고 말할 수 있겠습니까?'

인간의 진실한 행복은 물질적인 것이든 정신적인 것이든 구하여 얻어지는 만족감에서 느낄 수 있겠지요. 그와 반대로 무엇인가를 구하려 해도 모두 채워지지 않을 때는 자괴감에 빠지기도 합니다. 그럴 때에는 실망감을 나타내며 스스로를 고통에서 헤어날 수 없는 불행한 자라고 단정

짓기도 합니다.* 가지고 싶은 마음을 억누르고
있다가 때가 되면 그동안 마음속에 쌓이고 쌓인
욕구가 폭발하여 표면화됩니다. 그 욕구를 억제
하려는 자신이 지독한 고통을 인내하게 될 때 비
로소 영혼으로서의 편력으로 쌓이게 되는 것입
니다.

가출家出

깊은 산 맑은 계곡 물소리 그리며
누리는 삶을 상상한다.
산야의 푸르름은 누구라도 편한케 하고
모두의 눈을 호사스럽게 한다.
두 팔을 들어 그 상상의 허공을 향해

---

* 사성제의 고제(苦諦), 팔고인 구부득고(求不得苦). 얻으려 해
  도 얻지 못하는 고통.

폐 속 한껏
투명한 공기를 흠뻑 들이켠다.
이 맛난 식탁을 뒤로 하고
이 포근한 이불 걷어버릴지라도
나의 심장 한구석에 편안함을 채워 줄
그 어딘가 있을
이보다 더한 어딘가에 안락한 땅을 찾아
힘겨운 다리를 한 발 들어
무작정 박차고 나간다.   (보영)

평생 자신이 사는 집만을 최고로 알아온 사람
들이 조그마한 용기를 내어 집을 벗어나 다른 미
지의 세계로 한발자국 내디딜 수가 있을까요?
지금 자신의 생활보다 더 좋은 삶이 있다고 생각
하여 최종 목적지라고 찾아간 곳이 과연 안락의
땅이었을까요? 그토록 진실한 행복을 찾아 집을
나간 가출인은 그 후에 어떻게 되었을까요? 가

출인은 정말로 바로 그가 원했던 안락의 땅에 도착해 있을까요? 그리고 거기에서 그토록 원하던 진실의 행복을 얻어 만족했을까요?

여기서 가출인의 행복 유무에 특별히 관심을 두는 것은 아닙니다. 단지 이 단순 가출인이 이후 일대의 출가자로서 심경 변화가 있었다면 그의 문제가 제3자가 아닌 바로 우리 자신의 문제이기에 인용하여 고민해 볼 필요가 있다고 생각합니다. 이 출가의 기로에 선 자신의 선택에 따라 앞에 놓인 진정한 세계가 바로 보이든가 혹은 다시 공허감에 찬 생활이 기다리지 않겠습니까?

이러한 개인적인 문제는 우리 사회뿐만 아니라 그 이외 어디서에도 정확한 해답을 얻을 수는 없을 것입니다. 큰 문제 없어 보이는 사람도 가정에서 단란하게 살아가던 중에 갑자기 공허감을 느끼는 순간이 있습니다. 어느 날 갑자기 인생의 의의에 대해 미혹하며 삶의 회의를 느끼곤 합니다. 이러한 공허감에 찬 생활 가운데 있는 우리에게 그 고뇌를 전환해 줄 수 있는 것이 출가입니다. 이것이야말로 진정한 해결책이며 가장 선택하기 어려운 것이라고 할 수 있습니다. 그러나 출가자가 아닌 가출인이 만약 목적 없이 나간 채로 갈 길을 잃고 거리의 노숙인露宿人이 되었더라면 그의 인생은 물론 그의 가족들에게는 절망만이 있을 뿐입니다.

어떤 가출한 자에게는 인연 있는 자가 있어

그가 헤매고 있는 곳을 알아내어 빼내올 수도 있을 것입니다. 아니면 그 가출인이 목적을 추구하던 그 방황처에서 그의 갈망이 채워져 이전보다 더 나은 생활이 주어진다고 합시다. 그래도 그러한 상황에서 그는 더욱더 자기만족도 없이 실망하고 불만을 가지며 이후에도 계속하여 방황할 것입니다. 그가 가정으로 되돌아간다고 그가 설 공간이 있을까요? 되돌아간 집에서는 그가 생활하던 공간마저 서먹해지고 그의 마음을 채워 줄 어떠한 것도 찾기 어려울 것입니다.

만약에 집을 떠났던 그가 집으로 돌아간다면 어떤 모습이어야 할까요? 그가 적어도 인생의 참다운 길을 구하는 사람이라면 자신의 진정한 혼을 찾기 위해 떠나서 힘들게 구하여 얻은 것을 가족들에게 전하려 집으로 돌아와야 하는 것이 아닐까요? 그렇지 않으면 그의 인생은 자기중심적이고 이기적인 삶으로 끝나게 될 수도 있습니다. 그가 구하여 얻은 것이 그를 만족시키고 인연 있는 가족들을 만족시키고 또 만인을 만족시키는 것이 아니라면 그가 구하여 얻은 것도 결국은 큰 가치가 없는 것에 지나지 않습니다.

만인을 위한 의무교육

우리나라는 현재 학교 교육체제하에 의무교육제를 실행하여 중학교까지 무상교육을 실시하고 있습니다.

의무교육을 모르시는 분은 없겠지만 간단히 부연설명을 합니다. 의무교육이란 국민생활의 기회균등 사상에 입각하여 사회적 신분이나 경제적 지위에 차별을 두지 않고 모든 국민에게 최소한의 기본 교육을 제공함으로써 국민의 교육권을 보장하고 국가의 교육의무를 담당할 수 있게 한 제도적 장치를 말합니다. 경제성장에 따라 교육의 양적인 증가와 발전을 이룩하여 사회적 요구에 의한 의무교육의 확충과 질적 향상을 위해 계속 노력하고 있습니다.

그렇다면 사회제도가 잘 세워진 다른 나라에서는 어떨까요? 선진 각국에서는 문맹률을 낮추기 위한 교육정책의 일환이 아니라 교육 평준화와 사회질서 유지에 방점을 두고 의무교육을 행합니다. 우리나라에서는 그러나 이러한 교육제도의 의미도 무색하게 실질적으로는 상급학교에 진학하기 위한 교육으로 인식되고 있습니다. 이렇듯 정체성 없는 의무교육제도는 장단을 따지기 이전에 학생 자신의 선택 의지와 관계없이 반강제적인 교육제도라고도 할 수 있습니다.

의무교육이 무상교육이라는 공식이 성립되던 때는 지난 것 같습니다. 일반적인 사고로는 진학을 위한 수단이나 과정으로 한정 짓는 사람도 있습니다. 어찌 보면 시간 낭비일 수도 있을 법합니다. 그렇지 않으려면 자신의 인생에 이러한 형식적인 의무교육체계가 아닌 진정한 삶을 위한 의무교육으로서 미래의 바른 삶을 비추는 광명이 되는 길을 찾아야 할 것입니다. 이 사실에 동의하여 문제점을 느낀 사람들이라면 대학 진학을 위한 주입식 교육이 아니라 삶의 질을 향상하기 위한 인성교육이 펼쳐지도록 노력해야 합니다.

특히 종교계에서도 이러한 아이들 미래의 질적 향상에 특히 관여해야 합니다. 특별한 계층만을 위하거나 소수자를 위해 교육을 행해서는 안 됩니다. 만인이 평등하게 혜택을 받는 의무교육이어야 합니다.

우리 인생에서도 진정한 의무교육이 필요함을 느낍니다. 의무교육을 받아야 할 어떤 사람이 세속적 행복에 만족을 하여 교육의 필요성을 거의 느끼고 있지 않을 수도 있습니다. 그러한 사람은 추후에 교육의 필요성을 통절히 느끼더라도 풍성한 식탁에 동여매여 앞으로 거의 나갈 수도 없는 사람이 되고 맙니다. 풍성한 식탁의 삶에 매몰되어 있는 자의 행위는 급하고 세속적인 악행을 양산하기 쉽습니다. 재물의 풍요로움이 남을 지배하는 수단이 되면 급기야 타인을 지배하려 악행을 서슴지 않습니다. 그 때문에 우리는 세속에 살고 있으면서 세속을 넘어선 길, 세속 속에 있으면서 출세간도의 가르침을 받음으로써 처음으로 만인을 위한 의무교육이 필요함을 절실하게 느끼게 됩니다.

만약에 진정한 교육을 받지 못하면 일상생활에서 진실된 삶을 찾아 사는 것이 절대로 불가능하다고 할 수 있겠지요. 그들은 눈앞에서 맞이할 고통이라고 생각되더라도 무작정 지금의 고통보다 더 진실된 삶의 길이라고 생각하고 있을지도 모릅니다. 그들에게는 그러한 새로운 삶을 찾아 나서는 가출이 언제까지나 되풀이될 것이 뻔합니다. 이러한 가출은 비행으로 이어지고 자신의 영혼마저 잃어버리게 됩니다.

그러나 우리 모두에게는 진실된 삶을 갈구하는 소원이 가슴속 깊은 곳에서 꿈틀거리고 있습니다. 이 미약한 중생들의 소원에 응답하여 그 진실들을 표면으로 몸소 나타내 주신 가르침이 바로 의무교육에 해당합니다. 오직 하나, 우리가 잘 표현을 못하지만 본질적인 그 소원의 성취를 위하여 살이 찢겨 나가고 뼈를 깎는 아픔을 인욕하신 선지자이시며 참 교육자이신 분이 바로 부처님이십니다. 그 부처님의 의무교육 내용이 바로 본원本願의 가르침인 '나무아미타불'의 염불인 것입니다. 그 염불의 스승이시며 만인 공통적인 원을 가르쳐주시고 인도하여 주시는 부처님이 곧 아미타불阿彌陀佛이라고 불리는 분입니다.

출가사문出家沙門

승려가 되고 출가를 하는 것은 반드시 머리를 깎고 먹물 옷을 입은 사람들의 전유물이 아닙니다. 출가자란 세간의 포근한 잠자리와 풍성한 식탁을 무조건 버리고 어디로나 언제까지나 생사의 해탈을 위해 지속하여 길을 구하는 수행자인 사문沙門을 가리킵니다.

옛날에는 세속적인 행복을 멸시하여 집을 나온 이후에는 집 근처에 얼씬도 하지 않는 출가자도 많았다고 합니다. 근래에는 자신의 고향으로 돌아와 친족들의 도움을 받아 포교활동을 하는 출가, 재가 승려*들도 늘어나고 있는 추세입니

다. 옛날에는 집 생활이 힘들고 곤궁하여 입 하나라도 덜려고 절에 아이를 맡기는 일도 다반사였습니다. 어떤 연유든 간에 출가한 이상 그들은

* 재가승(在家僧)은 출가를 하지 않고 불법에 귀의하여 속가(俗家)에서 불법을 닦으며 법을 넓히는 사람을 가리키며, 대처승(帶妻僧)은 한국 불교의 남자 승려 중 결혼하여 아내와 가정을 둔 사람을 말한다. 승단에서 이런 승의 의미가 어떤 규정에 묶여 있다는 것이 아니라는 것을 알 수가 있다. 『법화경』의 모든 품에서는 비구, 비구니와 우바새, 우바이 등 사부대중(四部大衆)을 회상의 주인공으로 하고 있다.

모두 승가의 사문이 되는 것입니다.

석가모니 시대에도 가출하여 묵묵하게 숲속이나 동굴 속에서 수행(고행)하고 있던 사문들이 많았습니다. 그 당시 석가모니는 교진여 등 오비구五比丘*와 함께 녹야원**에 모여 고행을 하고 있었습니다. 그곳을 나와 부처님께서 깨달음을 얻으신 뒤 이전 수행처인 녹야원을 찾아가 다섯 명의 비구를 상대로 최초로 법을 설한 것을 두고 초전법륜初轉法輪이라 합니다. 처음으로 석가모니 부처님에게 교화를 받고 제자가 된 다섯 명의 비구를 오비구라 합니다. 불가에서는 이때부터 불佛, 법法, 승僧, 삼보三寶의 승가체계가 갖추어

---

* 부처님이 성도하신 후 최초로 제도한 다섯 명의 비구. 교진여, 아설시, 마하남, 바제, 바파 다섯 명을 가리킨다.

** 인도의 지명인 사르나트(Sarnath, Sarnātha) 지방. 녹야원(鹿野園)으로도 불린다. 바라나시에서 북방으로 약 10km 떨어진 곳에 있다. 붓다가 깨닫고 난 뒤, 자신과 함께 고행했던 다섯 수행자에게 처음으로 설법(초전법륜)을 한 땅으로 초전법륜 탑이 장관이다. 불교의 4대 성지 중 하나.

지게 됩니다.

　석가모니 부처님 이전에도 수많은 수행자가 있었고 그들 가운데에도 분명히 깨달음을 얻은 사람도 있었습니다. 그러나 그 당시에는 그 깨달음의 진리를 전도傳道하는 과정에서 이 사람에게서 저 사람에게 정확하게 전달하는 문자나 언어를 갖지 못했습니다. 그들 수행자들도 또한 대부분 세속적인 행복에 성이 차지 않아 식탁을 떠나 집을 나간 사람들일 것입니다. 그 수행자들은 법장보살처럼 세상을 뒤로한 채 고행림苦行林으로 들어가 생사가 보장되지 않은 고행을 하는 그 도정道程에서 자신의 구제는 물론 일체 중생의 제도濟度에까지 마음을 두었겠지요. 그러한 마음을 보리심菩提心이라고 합니다.

　이 보리심이 수행자에게는 길을 구하는 진실한 출가의 마음이라고도 할 수 있습니다. 이런 남을 위해 고난의 길을 가겠다는 출가의 마음은 인간이면 누구라도 가지고 있습니다. 그러한 마음이 없다고 주장하는 사람은 잠깐 마음이 깊이 잠자고 있는 것뿐입니다. 그렇지 않다면 이 보리심의 존엄을 알지 못하는 사람일 것입니다.

출가出家 1

무엇을 사바의 인연이라 하는가
내 이 고통보다 덜한
고통의 새 세계가 있다 하니
번뇌에 고뇌를 더해
미지의 처처處處로 가려 한다.
발걸음은 천근만근이나
기대의 마음 깃털 같아
나 이제 고통과 혼돈混沌의 고치 속에서 나와
새로운 둥지에서 날 깃을 세우나니
그새 잘 제련된 칼날을 움켜쥐고

힘세게 움켜쥔 저 날로

새 삶을 두렵게 만드는 저 마귀를 제쳐

내 번뇌의 뿌리를 베기를 청하나

내 설치면 이 한 고기 몸 상할까

두려움에 한 걸음 뒤로 물린다.

아 야! 그냥 세월에 마음과 몸 맡기자

칼바람 매섭지만 그냥 올곧게 내딛자. (보영)

원효의 발심수행장*에도 이와 같은 출가에 대한 경계의 말씀이 나옵니다.

인수불욕귀산수도 人誰不欲歸山修道

산에 들어가 도 닦기를 그 누군들 싫어하리요만

이위부진애욕소전 而爲不進愛欲所纏

애욕에 결박되어 하지 못할 뿐인 것이니라.

---

* 『초발심자경문』의 「발심수행장」 문.

(중략)

이심중애시명사문 離心中愛是名沙門

마음에서 애욕을 떠남이 사문이라 이름 함이요,

불연세속시명출가 不戀世俗是名出家

세속을 그리워하지 않음이 출가니라.

(후략)

— 「발심수행장」

그 누군들 깨끗하고 청정한 산야를 싫어하는 사람이 있겠습니까? 하지만 이 세속의 풍요로움과 행복을 뿌리치고 집을 훌쩍 떠나 일생을 산야에 묻혀 수도자가 되어 살려는 마음을 굳히기에는 아무래도 주춤하기 마련입니다. 출가에 대한 원효스님의 명쾌한 정리입니다. 출가는 본인의 일생일대의 각오가 필요한 대목입니다. 삶의 안정을 득하고, 죽음의 불안을 해소하기 위한 수행자의 목표 설정이 확고해야 합니다. 따라서 수행

114

자에게는 끝없는 정진 가운데 오는 어떠한 고통
이라도 견뎌낼 인욕이 필요합니다.

　세속 생활에서는 보통 보리심菩提心*이 없다
하더라도 마시고 먹고 자는 동물적인 생존을 완
수할 수는 있습니다. 그러나 이러한 동물적 감
각만으로 살아가는 사람들에게는 반드시 공허한
마음이 숨어 있기 마련입니다. 호화롭지는 않아
도 남부럽지 않은 풍요를 지니고 가족을 꾸려나가
는 데도 일반적 성공을 거두고 있는 사람이라면 그
대로 만족한 삶을 영위한다고 할 수 있을까요?

　내면의 공허감을 메꾸어준다고 믿는 완구玩具
와 같은 역할을 필요로 합니다. 일상을 풍요롭다
고 여기며 살고 있었던 사람들이 공황상태에 빠
질 때에 그들에게 있어서 이 완구는 진정한 보리

---

* 진리를 향해 걸어가는 마음. 지금까지 세간적인 것에만 집착
　하고 있던 자기 존재를 불도의 실천으로 돌리려는 마음.

심의 상징으로 보아야 합니다. 우리는 이 장난감 같은 것에 위로를 받으며 마음을 치유할 수 있다는 것을 경시합니다. 그러나 어린이 어른 할 것 없이 그 장난감에 상대적 만족을 하며 살아가고 있는 것이 현대인입니다.

우리는 이러한 출가 수행자가 가진 보리심을 품안에 지니고 나서야 처음으로 인간이라 주장할 수 있습니다. 이 보리심이 없으면 외관外冠을 아무리 존대尊大하게 꾸몄다 하더라도 형해적形骸的인 인간에 지나지 않습니다. 즉 인간의 탈만 쓴 껍데기이거나 동물적 감각만 가진 자라고 할 수 있습니다. 보리심이 없는 사람은 인간이기를 포기하거나 방기放棄한 것에 지나지 않습니다. 반면 이 보리심이 내면에 가득할 때는 일문부지一文不知*의 오지 사람이라도 부처님처럼 빛나는

---

* 글 한 자도 모르는 사람. 문맹을 가리킨다.

존재가 됩니다. 다시 말해서 우리 내면에 보리심이 없으면 인간이라고 지칭하는 표현이 적합하지 못할 때가 있습니다. 또 보리심이 어떤 이의 가슴속에 잠자고 있다고 한다면 그 잠자고 있는 보리심을 흔들어 깨워 일으켜 주어야 합니다. 그래야 깨어난 보리심에 의해 비로소 우리가 진정한 인간으로 만들어지게 됩니다.

출가 2

그냥 세간의 나를 버리고 간다.
아쉬움에 비워야 할
이 방 구석구석을 돌아다본다.
혼자만의 방에는 흔적이 분명 남아 있으리라.
떠나갈 이 세간 다시 돌아올 수 있으랴
어떤 엄한이가 나의 흔적을 찾으려 할까
나 아닌 누구라도 이 같은 마음이런가

나는 지금 다른 고통을 맞아들일 그릇이 없다.

그것은 휑한 이 공간에 가득 찬 안개 같으리

모두가 새 세상으로 내디딜 줄 모를까마는

맘 먹은 최초의 두려움보다 더한 마음에

이제 막상 문 닫기가 두렵다.

다시 못 돌아올 짐작에 미련 남으나

또 하나 닥칠 미지의 새 세상을

품어 털어버리고

이 고통 다하여 낙국樂國 얻으련다.

한 발 용기 일으켜 내딛어 보나

거기 또한 아득한 천 길 낭떠러지기 같아.

(보영)

118

최초의 발자국

생각해 보면 석가모니釋迦牟尼라는 분도 또한 풍성한 식탁을 버리고 갑자기 떠나셨던 분입니다.

한 나라의 왕위계승자로서 구하면 얻을 수 없는 것이 없고, 세간적으로는 그 위도 없는 신분의 태자였습니다. 그러한 안락하고 황홀한 궁전을 버리고 떠나 수행자로서의 고독한 고행의 길을 걸으셨던 분입니다. 출가 후 일부러 시다림尸茶林*에 수행처를 잡고, 버려진 시체더미에서 건

---

* 죽은 이를 위해 장례 전에 행하는 의식. 원래 인도의 시타바나에서 연유했다. 시타바나는 추운 숲으로, 인도 사람들은 그곳에 시체를 버렸다.

진 허름한 천을 주워 걸치고 타인이 남긴 음식을 먹으며 자신의 몸을 고통에 짓이기는 듯한 수행으로 인고의 세월을 보내셨던 것입니다. 그러한 그이기에 당시 사람들은 고타마 싯타르타를 정신이상자 정도로 여겼을지도 모릅니다. 하지만 고타마*가 다른 정신이상자와 다른 점은 오로지 모든 중생의 고통을 해소시키겠다는 깊고 넓은 마음의 원이 있었다는 점입니다. 그는 자신이 세운 중생 구제의 원을 성취하기 위해서 풍요로움을 박차고 나와 가난하고 고된 세속적인 생활을 선택하셨던 것입니다. 그는 출가의 선택 속에서 진실한 행복을 찾으려 거듭되는 고통을 인욕하면서 오랜 세월 정진했습니다. 석가모니는 그 행

---

* 고타마(Gotama, 산스크리트어 Gautama): '가장 탁월한 수소의 의미'이며 붓다가 되기 이전 석가모니의 성이다. 한자 표기는 고타마(Gotama: 瞿曇 구담), 싯다르타(siddhārtha: 悉達多 실달다)이다.

복에 도달하는 방법을 겨우 찾아 체득하기에 이르러서는 나중에 수행하는 자를 위해 그가 발견한 행복을 전한 첫 번째 붓다*였습니다.

붓다가 되신 이후에 후학 발전을 도모함과 함께 석가모니는 자신보다도 먼저 이 길을 걸으신 훌륭한 분이 계신다고 말씀하셨습니다. 그분은 진정한 행복을 찾아 집을 나간 채로 험난한 환경에서 상처를 입고 우리에게 돌아온 것이 아닙니다. 그분은 우리의 입과 손발로 다 이야기할 수 없는 인간적인 경지를 벗어난 성자로서의 훌륭한 말씀을 지니고 계시는 분입니다. 석가모니는 그분을 이르기를 "누구라도 어디까지나 언제까지나 인간의 진실한 행복을 손에 넣을 수 있다는

---

* 붓다(Buddha, 仏陀 불타): 붓다 또는 부처는 '깨달은 자', '눈을 뜬 자'라는 뜻이다. 그 외에 여래(如來), 세존(世尊)이라고도 불린다. 깨달은 자라면 누구라도 붓다라고 할 수 있지만, 보통은 석가모니불을 가리킨다. 석가모니불 이외에도 스물일곱 분의 과거 부처가 있다.

확신을 갖게 하신 분이다"라고 말씀하셨습니다.

석가모니는 그분을 법장보살이라고 부릅니다. 만약 이 이야기가 석가모니의 개인적인 학설로 나왔더라면 나중에 배출되는 사람들에 의해 그 법이 뒤집히거나 변경될 수 있습니다. 또 그 학설이 석가모니가 출생한 인도印度 민족에게는 통할지 모르나 타 민족에게는 규범이 될 수 없는 것일지도 모릅니다.

그러나 여기의 법장보살은 인도인이 아닙니다. 법장보살은 어느 민족에도 속하지 않았습니다. 말하자면 전 인류의 상징적 대표일 수도 있습니다. 또한 어느 누구나가 법장보살이 될 수도 있습니다. 무릇 인간의 진실한 행복을 찾는 수행자라면 누구라도 속히 법장보살의 발자국을 밟아 가야만 합니다. 우리가 진실한 행복을 성취하여 얻을 수 있는 전형적인 삶의 표본이 법장보살이기 때문입니다.

법장보살은 개인과 민족을 넘어서신 분입니다. 그렇기 때문에 한국인도 미국인도 인도인도 슬라브 민족도 중국인도 일본인도 이 법장보살의 발자취를 충실하게 밟아 가는 것으로 진실한 행복을 성취할 수 있습니다. 그가 성취한 본원本願을 진실하게 따라서 그의 말씀대로 모든 중생이 걸어가야 합니다. 갈 길 몰라 방황하는 영혼이 번민에서 탈각脫殼을 원하여 진실한 가르침을 찾아가는 간절한 비원悲願이 바로 본원인 것입니다.

우리는 이 법장보살의 무상도無上道인 본원의 염불을 만나 구제되는 것으로 최상의 기쁨을 누릴 수 있습니다. 또한 법장보살은 자신 하나가 구제되는 데 만족하지 않았습니다. 그렇기에 살아갈 권리가 있는 모든 생명*인 이 영혼의 순환

---

* 중생(衆生), 유연(有緣), 군맹(群盲) 등으로 불린다.

과 전형이 이미 십겁十劫 이전에 성취되어 있는 것입니다.* 그러한 영혼이 오늘날까지 연결되어 인간의 번뇌가 존재하는 한 미래의 끝까지 계속 살아 숨 쉬고 있을 것입니다.

우리는 이 영혼에 대한 순환구조에 들어감으로써 비로소 자신을 구제할 수 있습니다. 이 순환의 존재를 모르고 생을 끝마치는 사람은 이후에도 미혹된 유전流轉에서 벗어나지 못합니다. 세속적인 풍요와 즐거움은 언뜻 보기에 겉은 화려하지만 내면이 공허하여 일생을 '허무하게 보내는' 것과 같다고 할 수 있습니다.

---

* 『불설아미타경』에 나오는 「阿彌陀佛 成佛以來 於今十劫」에 의거.

124

모든 경험이 나의 선지식善知識

한번 가면 두 번 다시 돌아오지 못할 현생의 이 귀중한 몸을 허무하게 보내는 것만큼 더 슬픈 것이 이 세상에 또 있겠습니까?

우리가 어느 날 인생의 황혼기黃昏期에 다다르게 되어서 누군가 "자네는 젊은 날에 무엇을 이루었나?"라고 물었을 때 무어라 대답할 수 있을까요. 선뜻 명쾌한 대답을 주저하다가 "여러 가지 경험을 하고 많은 것을 손에 쥐고 살아왔네"라고 말할 수도 있습니다.

물론 그러한 여러 경험 하나하나가 각자에는 소중한 것이겠죠. 또한 자신이 이루고자 했던 목표를 이루고 나서 한껏 즐거운 삶을 누리고 살아오신 분도 계시리라 봅니다. 그러한 자신 나름대로의 의미 있는 경험과 노력을 토대로 원을 성취해 오늘날의 기쁨을 누릴 수도 있었을 것입니다. 그러나 문득 돌아보니 자신이 체득한 경험이 인생에서 의미를 갖지 못했다면 그것이야말로 몽환과 같은 일생을 보냈던 것이나 다름없습니다. 조용히 지금 자신의 일생을 돌아다보면 아쉽기만 한 세월이 아니겠습니까? 지난 옛날이 그리우면서도 한편으로는 얼마나 허무하고 쓸쓸한 마음이 들겠습니까.

사실 기쁨과 슬픔 같은 상반된 종류의 경험이 바야흐로 교차하기 시작하는 젊은 날에는 일체의 고락이 가르침입니다. 지금까지의 경험을 하나하나 차곡차곡 받아들여 자기를 쌓아올리는 생활방식이야말로 진정한 배움의 자세이고 그렇게 쌓은 지혜가 진정 간직해야 할 소중한 자산이겠죠. 옛 선사先師들은 "불법佛法은 젊었을 때부터 많이 들어라"라고 친절하게 가르쳐 주셨습니다. 그러나 이렇게 중요한 가르침은 꼭 세월이 지난 다음에서야 깨닫게 됩니다.

우리가 조우하는 여러 경험이 있겠지만 우리는 좋은 경험과 선택하고 싶은 경험을 지나쳐버리기 일쑤입니다. 제멋대로 생각하고 선택하여 바른 의의를 알지 못하고 또 알려고도 하지 않습니다. 우리가 지나온 그 일체의 경험이 바로 나의 진정한 선지식임을 깨닫고 소중하게 승화해야 합니다.

『법화경法華經』* 제12품인「제바달다품」을 보

---

* 개설 7권 28품. 『나무묘법연화경』을 줄여 '법화경'이라 약칭하기도 한다. 천태종(天台宗)의 근본 경전으로, 불교전문 강원의 수의과(隨意科) 과목으로 채택되고 있다. 『화엄경』(華嚴經)과 함께 한국 불교사상을 확립하는 데 가장 크게 영향을 미친 경전이다.

면 석가모니는 바른 생활방식의 진실한 법을 배우기 위해 선인仙人에게 의지하여 수행하셨습니다. 옛날 조사祖師의 수행과 같이 스승을 위해 공양을 준비했습니다. 그 정도라면 누구나 할 수 있는 일이지만 석가모니의 스승 봉양은 상상을 초월합니다. 그는 밤에도 스승이 쉬실 때 스승의 육체 밑에 자신의 육체를 깔고, 이를테면 자신의 몸을 밑깔개(요) 삼아 스승을 쉬시게 했다고 전해집니다. 놀랍게도 석가모니의 그 스승이란 자는 다름 아닌 제바달다*였다고 합니다. 제바달다는 석가모니의 연적戀敵인 동시에 이종사촌으로 훗날 석가모니의 제자가 된 인물로 알려져 있습니다. 나중에는 석가모니 교단을 차지하려 몇 차례에 걸쳐 석가모니를 시해하려 하다가 실패

---

* 곡반왕의 아들로 아난의 형이며 석가모니 부처님의 종제(從弟)이다.

합니다. 제바달다는 석가모니 교단을 배반하고 다른 종파를 세운 이단자이며 악인이라고도 알려져 있습니다. 다시 말하자면 석가모니에게는 이 세상에 살면서 둘이 같은 하늘을 볼 수 없는 원수였던 것입니다.

하지만 석가모니는 제바달다가 자신에게 최대의 구도 스승이었다고 말씀하셨습니다. 뼛속까지 스며드는 고통스러운 제바달다의 박해야말

로 석가모니가 바른 삶, 자각의 길로 다시 태어
나는 데 필요악이지 않았는가를 상징적으로 나
타내고 있는 것이겠지요. 그 덕분에 바른 길을
깨달은 석가모니에게 제바달다는 악인이 아니고
선지식이며 부처님이라고 할 수 있을 것입니다.
그 악인을 받드는 인욕 수행이 자비를 낳게 하여
위대한 석가모니 부처님을 탄생시킨 것입니다.

또한 『묘법연화경』 제6권 20의 「상불경보살품
常不輕菩薩品」에는 부처님께서 득대세得大勢보살*
에게 설한 다음과 같은 내용이 나옵니다.

부처님께서는 득대세보살에게 무슨 인연으로
상불경이라 이름하였는가 하시기를,
이 상불경보살은 무릇 만나는 누구든 간에,
사람마다 예배하고 찬탄하면서 “나는 그대들

---

* 대세지보살(大勢至菩薩).

130

을 매우 공경하고 감히 경멸하지 않습니다.
왜냐하면 그대들은 모두 보살의 도를 수행하
여 이윽고 마땅히 성불할 것이기 때문입니
다.” 이렇게 말씀하였느니라.
— 「상불경보살품」

그리고 이 상불경보살은 평상시 경전을 집중
하여 읽거나 외우지는 않고 오로지 예배하고 남
을 칭찬하고 다녔다고 합니다. 그러한 상불경보
살을 시기하고 비판하는 자들 가운데는 그에게
화를 내며 욕설을 하면서 “이 무지한 비구야, 어
디서 감히 네가 스스로 우리를 경멸하지 않노라
하느냐. 네가 뭐라고 우리에게 마땅히 성불하리
라는 수기를 주느냐? 우리는 너의 그런 허망한
수기를 받지 않겠다”라고 하며 그를 비방했습니
다. 상불경보살은 오랜 시간 동안 많은 이에게
수모와 욕설을 당해도 화도 내지 않고 항상 반복

하여 외쳤습니다. "나는 그대들을 가볍게 여기지 않노라. 그대들은 모두 당연히 성불하리라." 항상 이렇게 말하는 그를 사람들이 별명을 지어 말하기를 항상 남을 가벼이 여기지 않는 보살이라는 뜻으로 상불경常不輕보살이라 불러주었다 합니다.

오늘날 이러한 상불경보살과는 반대로 우리 사회는 남을 항상 낮추어 보려 하고 자신의 아래로 두고 싶어 합니다. 부자는 가난한 자의 위라고 생각하고, 힘 있고 권력 있는 자는 약한 자를 하수인으로 부리고 싶어 하며, 가난하고 늙고 약한 사람을 멀리하려 합니다. 대부분의 조직에서도 이와 유사한 일이 벌어집니다. 승속을 불문하고 조직이 있는 곳은 마치 병정놀이를 하듯이 상하 종縱적인 관계를 선호하는 사회로 변질됐습니다. 불교는 이러한 차등 관계를 넘어서 횡橫적인 평등관계를 가르칩니다.

항상 자신보다 남을 공경하고 남을 칭찬하는 것이 우리가 바라는 이상적理想的인 평등사회가 아니겠습니까?

정토의 삼존불三尊佛

관음觀音, 세지勢至가

다 함께 자광慈光세계를

비추어 빛나게 하고

유연有緣을 도탈度脫시키며

잠시라도 휴식하는 법이 없도다.[*]

—「정토화찬淨土和讚」

관세음觀世音[**]과 대세지大勢至[***]는 아미타불

의 두 가지 덕상德相을 나타냅니다.

우리 중생들의 해탈을 완성시키기 위해 언제 어디서나 우리에게 손을 내미는 불가사의한 힘이 두 가지 있습니다.

그중 한쪽의 힘은 일광日光·공기·물·식료·의복에서부터 라디오·텔레비전·영화·레

***대세지보살(大勢至菩薩)의 약칭.

크리에이션 등과 같이 우리의 육체를 키워 주는 것과 동시에 마음을 즐겁게 해주고 기쁘게 해주는 힘입니다. 이러한 불가사의한 작용의 영향 없이는 미미한 존재인 우리가 살아갈 수 있는 힘이 없습니다. 우리는 이 힘을 이름하여 관음력觀音力이라고 부릅니다.

다른 한쪽의 힘은 무더위·혹한·태풍·홍수·기아·지진·벼락·화재·어르신들의 병환

에서 죽음에 이르기까지 우리의 마음으로 환영
할 수 없는 힘의 작용으로 이것을 세지勢至의 위
신력이라고 부릅니다.

이 두 가지 덕상은 곧 아미타불 화신化身의 덕
상이며 우리의 삶에서 어느 하나도 빠질 수 없는
조합입니다.

인생에서 관음적觀音的인 면이란 모든 사람이
즐거워할 일을 말합니다. 사람들이 관세음보살

의 대자비에 많이 의지하고 믿는 까닭은 고통과 어려움을 해결해 주시는 보살님으로 여기기 때문입니다. 그러나 이러한 즐거운 면만으로 인간이 성장한다고 하면 인간 사회는 무기력하고 게으르며 놀기 좋아하는 사람들만 들끓을 수도 있습니다. 조그마한 괴로움이라도 나에게 있어서는 안 되는 것이라며 오로지 쾌락만을 추구하면 머지않아 그 인생은 파탄날 것입니다. 또한 내 자녀만 고생시키지 않고 편안하고 충족하게 해 주려는 행위는 자녀의 미래를 어둡게 하는 것은 물론이고 사회 전반에 개인이기주의를 팽배하게 만듭니다.

따라서 세지勢至와의 만남은 어느 한쪽으로 기우는 선택을 하지 않고 인간의 타락을 막고 인생을 균형 있게 유지하는 작용을 한다는 의미가 됩니다.

그러나 그뿐만이 아닙니다. 요즘 인간 사회는

위미침체萎靡沈滯의 기로에 놓여 있는 듯합니다. 위미침체란 사회에서 인심과 문화 등의 방면으로 새롭고 확실한 것을 찾아야 하는데 그렇지 못해 사회에 활기가 없고, 진보하고 발전하는 움직임이 전혀 보이지 않는 것을 뜻합니다. 사회야 어찌 되든 간에 나만 적당하게 살며 오로지 쾌락만을 추구하며 사는 삶이 바로 그 원인일 것입니다. 이렇듯 우리가 양면의 삶인 고락의 진리를 득하지 않고서 한 면에만 매달리면, 결국 인생의 끝자락인 비참한 죽음에 매몰되고 맙니다. 이 관음과 세지의 상호적 힘을 적절히 배분하면 적어도 험난한 사회와 인생을 지혜롭게 넘어설 수 있을 것입니다.

이 양면의 힘은 불가사의하게도 어느 쪽도 인간의 바람과는 달리 한쪽으로 치우치지 않습니다. 우리에게 서로 양쪽의 힘이 동등하게 작용하고 있고 이 두 가지 힘이 하루 종일 끊임없이 쏟아 붓고 있기에 우리가 인간으로서 존재를 완성할 수 있게 되는 것입니다.

이 고락의 두 가지 작용은 항상 우리를 향하여 있고 이미 우리의 환경과 내면에 스며들어 있습니다. 그러나 언제나 이기적이며 교활한 인간은 즐겁다고 여기는 관음의 힘만을 환영하고 고난스러운 세지의 힘을 경원시합니다. 그러나 부처님께서는 직접적으로 이러한 인간에게 벌을 주시지 않지만 업의 과보는 자업자득으로 주어집니다. 우리는 이런 세지의 역할로 이 힘의 총화總和인 아미타부처님의 자광慈光이 내 한 몸에 쏟아 부어져 있다는 것을 알아야 합니다. 이 두 가지의 힘은 언제나 만인에게 평등하고 공통적으로 내려집니다. 부처님께서는 따뜻한 자비심을 항상 내어 주시어 나의 인간적 완성을 염원하고 계십니다. 그러나 그 양면의 힘을 자각할 수 있는 자는 이러한 사실을 주목하고 가르침을 들는 자일 것입니다. 우리와 같은 유연有緣*인 중생만이 이러한 두 가지의 힘을 받을 수 있는 자격이 주어지고 그 힘을 바탕으로 적극적으로 살아갈 수 있는 것입니다.

아미타불이 어디에 계신지 모른다고 할지라도 이 두 가지 큰 에너지가 우리를 움직이게 하고 있는 것을 눈과 마음이 있는 자는 모두 보고 느낄 수 있습니다. 우리는 이 양대 덕상의 가르침을 통해 눈에 보이지 않는 아미타불의 존재를 느낄 수 있지 않겠습니까? 형상으로 드러난 아미타불이 있고 없고의 여부보다는 자신의 내면에 아미타불을 느끼는 힘이 있느냐 없느냐가 중요하지 않겠습니까?

아미타불의 존재를 태양과 달, 책상과 꽃병 등 물질적 형상이 있는 것처럼 증명할 수는 없습

---

* 전생에 어느 부처나 보살과 깊은 인연(因緣)을 맺음.

니다. 어쩌면 만유인력의 법칙을 증명하는 쪽이 더 빠르고 쉬운 방법이라 할 수도 있습니다.

우리가 아미타불의 실체를 증명하는 데 방해가 되는 최대 난관은 우리 내면이 지니고 있는 자아自我의 방해입니다. 교만한 자만심이기도 합니다. 이러한 아상我相*이 부서지지 않으면 아미타불을 만날 수 없습니다. 이러한 자신의 상相이 부서진 순간에 우리는 그 부처님의 실재를 만날 수 있고 크나큰 감동을 받으며 느낄 수 있습니다. 이러한 자각을 하는 것은 경탄할 만한 자기혁명의 순간이며, 새로운 세계관이 펼쳐지는 대단한 변혁의 찰나입니다.

그런 변혁이 가능한 것은 교만했던 나의 상이

---

* 실체적인 자아가 있다고 하는 잘못된 관념. '내가 있다'는 근원적인 무지(無知)에서 파생된 미혹된 관념이다. 동일한 개념으로 아견(我見, ātma-dṛṣṭi), 아집(我執, ātma-grāha), 아만(我慢, ātma-māna), 아상(我想, ātma-saṃjñā), 아인상(我人相, ātma-saṃjñā), 인상(人相, ātma-saṃjñā) 등이 두루 나타난다.

부서지면 여태까지 내가 세계를 보고 있었는데 지금은 세계가 나를 보고 있다는 태도의 전환이 일어나기 때문입니다. 우리에게 그러한 전환이 왜 필요한 것일까요? 여태껏 자신이 행복하다고 느끼며 산 것이 모두 가짜 행복인 것일까요? 진실을 접하고 싶고 진실로 행복을 원한다면 그러한 태도 전환이 필요합니다. 자신이 안고 있는 고락의 일상에서 마음의 불안과 동요, 무상한 마음을 넘어서 확고한 무언가의 위에 안정하게 두고 싶다면 우선 이러한 자기혁명이나 자기태도의 전환을 성취해야 합니다. 그렇게 해서 자기혁명이 일어났을 때 비로소 아미타불을 관觀하는 눈이 주어집니다. 그리고는 언제어디서나 어떻게라도 아미타불을 친견親見할 수 있고, 아미타불의 법음法音을 들을 수가 있습니다.

이것은 환각도 아니고 환청도 아닙니다. 보고 듣는 사람은 보통사람과 다르지 않습니다. 우리는 서로 그 위에 자신을 길러내는 힘을 느낄 수가 있는 것입니다. 자신과 자부심, 자아가 분쇄되고 나서야 비로소 우리의 감각이 아미타불 쪽을 향하는 것입니다. 우리의 감각이 잘 단련될 때 그제야 아미타불을 친견하고 느낄 수 있는 것입니다.[*]

자기혁명, 세계관 변혁, 자아 분쇄라는 자각에서 아미타불을 만나는 첫 걸음은 어떻게 해야 행해지는 것일까요? 이러한 심신의 변혁이 가져다주는 새로운 세계에서 새 둥지를 틀고 살아가는 자신의 선택이 꽤나 만족스러울 것입니다.

---

[*] 米澤英雄, 『魂の軌跡』(東本願寺, 1983), 1-53쪽 참조.

두 개의 나, 두 개의 세계

이렇게 자기 변혁이 이루어진 새로운 세계에서 나의 존재명存在名을 정확히 인지할 필요가 있습니다.

'나는 누구인가?'라는 선가禪家에서 쓰는 선문답의 공안公案*만으로 그 답을 구하기는 쉽지 않습니다. 이지적인 사고로 논리를 따져서 합리적인 결론에 도달했다고 믿는 것은 중생들의 번뇌와 망상인 것으로 단지 분별심을 내는 것뿐이라

---

* 선불교인 조계종, 특히 임제종에서 선(禪)을 시작하는 사람들에게 정진을 돕기 위해 사용하는 간결하고도 역설적인 문구나 물음을 뜻하며 화두(話頭)라고도 한다.

고 선사들은 일갈一喝합니다. 우리의 정신을 어지럽히는 것은 번뇌와 망상이며 분별에 의한 것일 뿐이지 그것은 깨달음의 길로 나아가는 데는 아무런 도움이 되지를 못한다는 것입니다. 이렇듯 간화선에서 화두話頭라고 하는 것은 이론으로 풀 수 없는 끝없는 문제입니다. 혹자는 이 공안에 집착하는 한은 해탈의 길이 요원하다고 주장하기도 합니다.

또 불교 선종禪宗에서 자주 화두로 삼는 용어로 방하착放下着*이란 말이 있습니다. 사전적 의미로는 손을 내려 밑에 둔다는 뜻입니다. 신심信心 있는 불자라면 자주 듣는 큰 스님들의 법문 중 하나로 흔히 '내려놓아라', '놓아버려라'는 말씀과 상통합니다.

선사들이 방하착하라는 것은 가지려고 하는

---

* 무소유(無所有)를 의미하는 선불교 용어로 쓰인다.

물질에 손과 마음을 내려놓으라는 단순한 의미가 아니라고 설명합니다. 예를 들면 만약 부처님에게 꽃 공양을 올렸다고 하면 그 공양했다는 집착된 마음마저 내려놓으라는 뜻을 담고 있습니다. 즉 인간의 마음속 깊이 자리하고 있는 탐욕을 버림으로써 심신의 무소유를 통한 인간으로서 자기회복이라는 의미를 지니고 있습니다. 이러한 방하착의 의미는 선종에서 깨달음을 얻을 수 있는 화두로 종종 쓰이면서도 불자들의 신앙

기초를 위한 가르침으로도 자주 사용됩니다. 이렇게 선사는 자신의 수행 경험을 수좌들에게 전수해 주고, 또한 그들의 수행을 도와주는 역할을 합니다.

우리는 인생에서 모든 문제를 자신의 지식과 상식으로 분석하고 해결하려고 합니다. 자신의 통찰력이 정확하다고 믿고 사회 모든 방면에 적용하려 듭니다. 또 자신의 능력이 사회 문제를 해결하는 데 크게 기여하는 듯이 자신의 지식과 힘을 과시하기도 합니다. 그것이 자신만의 만족이든 모든 이에게 박수를 받는 일이든 무모하리만큼 수단과 방법을 가리지 않고 또 주저하지도 않습니다. 그러나 뒤돌아 살펴보면 모든 문제에는 완전한 해결이 있을 수 없습니다. 시대에 따라 환경에 따라 바뀔 뿐 정해진 정답이 있을 수가 없습니다. 정치권력이 뒤바뀌면 충신이 역적이 되고 역적이 충신이 되는 일은 흔한 일입니다. 모든 일의 정답은 다만 상황 속에 잠시 잠들어 있을 뿐 언젠가는 그 문제가 다시 불씨가 되어 살아나듯 표면화되는 것을 많이 봐왔습니다. 따라서 문제해결을 위해 무리하게 부정을 행하는 일은 반드시 후환이 따른다는 것을 명심해야 합니다.

우리의 능력에는 아무래도 한계가 있는 듯합니다. 내가 무엇을 이루었다고 해도 쌓아 온 재물이나 명예가 한순간에 무너질 때도 있습니다. 애지중지 키운 자식들에게 아낌없이 다 주고도 버림받는 일도 자주 접합니다. 우리가 옳다고 판단하고 행한 모든 일이 우리의 의지와 관계없이 옳지 않은 방향으로 흘러가기도 하는 것입니다. 우리는 그렇게 어리석은 판단이나 잘못된 분별을 할 수 있는 존재입니다. 아미타부처님께서는 이러한 우리에게 죄악이 심중深重하고 번뇌가 불같이 타오르는 범부凡夫인 것을 깨닫게 해주셨습니다.

　사실 우리를 범부라는 호칭으로 불러 주시는 부처님은 아미타불 이외에는 없습니다. 우리는 그러한 무연자비無緣慈悲의 부름에 지극히 감사를 드려야 하지 않겠습니까? 물론 어떤 이들에게는 범부라는 부름이 모욕적으로 들릴 수도 있습니다. 어떤 이는 "나는 한 그룹의 총수로 그룹 식구들의 생계를 책임지는 비범한 자인데 범부라니요"라고 항변할 수도 있습니다. 또한 이 세계에는 "나는 범부가 아니야"라고 외치며 무릇 "한 나라의 인민들을 지배하고 먹여 살리는 지배자인 나를 감히 범부라고 부를 수 있겠는가?" 하고 주장하는 부류도 있을 것입니다. 자신이 범부임을 부정하고 그 위치를 넘어서려고 힘 있고 재물이 많은 자들을 쫓아 박수를 치며 그들의 삶을 동경하고 동조했던 스스로의 모습을 돌아보아야 합니다. 이렇게 우리도 처음에는 자신의 교만을 벗겨내지 못하고 자신의 힘만이 통하는 세계를 믿고 싶었던 것입니다.

우리는 아미타불의 절실한 부름으로 자만自慢 가운데 묵살되어 파묻혀 있던 자신의 존재가 불러 깨워 일으켜졌을 때에 그제야 범부인 자신을 깨달을 수 있습니다.

우리에게 "범부여!"라고 불러 주시는 아미타 부처님의 깊은 친절에서 나오는 따스한 목소리로 우리는 자신의 의사와 관계없이 이미 아미타불 앞에 불려내어져 있습니다. 이미 우리의 자아가 아미타불에 조복調伏되어 있는 것입니다. 아미타불의 부름 아래 우리의 감추어진 내면이 철저하게 조사되어 죄악심중, 번뇌치성煩惱熾盛의 범부임이 발견된 것입니다.

이 범부라는 것은 자아와 자부심自負心을 가진 존재입니다. 그러나 우리는 처음에는 자아와 자부라는 것을 부정하며 또 모르고 살았습니다. 하지만 자아와 자부는 범부의 전형적인 표상이며 우리 내면에 세포처럼 얽히고 밀착되어 있습니다. 요컨대 나도 이 두 가지의 표상이고, 밖의 세계도 이 두 가지로 구성되었다고 할 수 있겠지요. 그렇기 때문에 우리는 일상에서 자아가 진정한 나(我)라고 착각하며 살아가고 있는 것입니다. 이와 마찬가지로 이 세계에도 절대현실이라고 믿는 진실의 세계와 그렇지 않은 두 세계가 충돌하며 존재하는 것을 볼 수가 있습니다. 우리의 두 가지 세계는 제멋대로 된 자아의 가루로 뒤덮혀 포장된 모습이 자아로 해석되고 있는 세계가 있고 범부로 자각된 자아의 세계가 공존하고 있는 것입니다.

지금까지는 우리 마음대로 해석한 세계를 진짜 세계라고 착각하며 살아 왔던 것입니다. 부처님은 이러한 두 세계를 정토淨土와 사바세계娑婆世界로 나누어 불렀습니다. 또한 여기서 말하는 두 개의 자아란 부처님과 중생이 되겠지요. 사실은 세계도 나도 경계가 있는 것이 아닌 하나입니다. 진실하다고 여기는 세계는 만인공통의 세계라고 할 수 있습니다. 그런데 자아가 진실의 사바세계에 살고 있는 진실한 자아를 은폐하고 또 다른 자아를 표면에 노출함으로 많은 말썽이 발생합니다.

우리는 주위에서 거짓된 자아가 진실된 자아를 뒤로 밀쳐놓고 주인 행세를 하는 형상을 많이 볼 수가 있습니다. 사바세계에서는 각자의 생활패턴이나 사고思考가 다르기 때문에 이러한 자아의 충돌을 피할 수 없습니다. 사실 국제분쟁을 포함해 모든 투쟁은 엄격히 이야기하여 자아와의 싸움입니다. 그러한 분쟁은 진정한 자아로 돌아와 우리 모두가 만인 공통인 범부의 공간세계에 존재한다는 사실에 눈뜰 때에만 끝낼 수 있습니다.

우리의 궁극적 목적지인 정토는 눈으로 직접 볼 수 없습니다. 그러나 지금 여기 자신이 존재하는 이곳이 진정한 자아가 있는 사바라고 자각한다면 분명히 정토는 그 자각하는 자아 옆에 있을 것입니다. 남의 시선에 아랑곳하지 않고 혼자 우쭐대며 이 세상에서 자신이 제일이라고 자만하고 있는 나입니다. 죄악이 깊고 무거우며, 번뇌가 불타오르듯이 일어나는 나를 따뜻한 목소리로 '범부'라고 불러 주시는 주체인 아미타불의 부름 앞에서 머리를 숙일 수 있을 때 비로소 진정한 정토를 인지하게 됩니다.

이렇게 될 때 어쩌면 우리는 제멋대로인 자아에서 탈피해 진실한 자아를 만남과 동시에 벌써 부처님께 한 발 가까이에 서게 되는 것입니다.

'나무아미타불'의 세계

'내가 본 세계가 사바세계였다.' '따라서 이 사바세계의 주인공은 범부인 나였다'라고 하는 자각과 감탄이 바로 나무아미타불南無阿彌陀佛의 세계입니다. 남모르게 세속의 욕탐의 원을 세우고 있던 내가 죄악심중하고 번뇌치성한 범부였다는 사실에 머리가 숙여지는 자신도 '나무아미타불'입니다.

나무아미타불 세계에서는 안으로는 자아가 무너져 내리고 지금까지 자신에게도 숨겨져 있던 자기의 주체인 부처님이 나타납니다. 또한 밖으로는 사바세계가 희미해지고 절대현실인 정토

가 눈앞에 나타나는 것입니다. 이것을 염불왕생
念佛往生* 또는 염불성불念佛成佛이라고 합니다.
즉 '본원을 믿고 염불하면 부처가 된다. 자아가

---

* 염불하여 정토에 태어나는 것. 정토의 한복판에 있는 몸을 자
각하다.

부처가 되는 것이 아니고, 범부로 자각된 자기가 부처가 된다'는 것입니다. 부처가 부처를 존경하고 받드는 불불상념佛佛相念*의 세계와도 맞닿는 곳에서 염불하고 있는 자신은 이미 그곳에서 부처답게 있는 것입니다. 이러한 세계에서 부처님의 가르침에 따라 오로지 염불 정진하는 것이 참된 불자의 자세가 아니겠습니까?

흔히 말하는 '인간답다'는 것은 모두가 바라고 있는 진정한 자유 독립인으로서의 '나'가 될 때 가능할 것입니다. 그리고 나서야 부처로 있고 싶다는 자신의 원을 세우게 되는 것이라고 봅니다. 아득히 먼 십겁十劫 이전인 그 옛날에 법장 비구는 자아를 내던지고 오로지 중생구제를 위해 인고의 수행세월을 보내며 깊은 참회를 통해 아미타불이 되셨습니다. 그러한 법장보살의 영

---

* 부처가 부처를 찬탄함.

겁사유永劫思惟*의 수행결과 본원이 성취되었고 법장 자신의 서원誓願이 현실화되는 불가사의한 힘**을 얻으셨습니다. 그 이래로 이 본원타력本願他力의 길에 의해 우리 안에 본래부터 숨어 계셨던 부처님이 자아의 껍데기를 깨고 부처가 되어 나타나셨습니다. 그렇게 해서 타력회향他力回向의 신심信心을 가질 수 있는 길이 열렸던 것입니다. 이것이 곧 '나무아미타불'입니다.

이 본원의 가르침에는 언제 어디서 누구라도 부처가 될 수 있다는 절대자유와 절대평등인 법장의 비원悲願이 담겨 있습니다. 자기를 잊고 자아에 빠져 있던 우리에게 진정한 자기를 회복하게 만드는 만인을 위한 가르침이라고 말씀드릴

---

* 영겁은 조재영겁(兆載永劫)과 같이 쓴다. 조재는 백만을 조(兆), 십만 조를 재(載)라 하고 오랜 시간이란 의미인 범어 겁파(劫波)를 줄여 겁이라 한다. 매우 오랜 세월과 시간을 나타냄.
** 불가사의(不可思議)한 힘. 중생구제를 위한 힘.

수 있겠지요. 일체의 사람들을 빠짐없이 정토의 세계로 초청하여 극락왕생을 이루게 하고 싶다는 미타彌陀*의 대원이 그냥 세속적인 단순한 원이 아님을 알아야 합니다.

게다가 이 부처가 되는 데에 특별하게 복잡한 수속이 필요하지는 않습니다. 더구나 이 길에는 남녀노소의 차별도 없습니다. 특별한 학식이 필요하지도 않습니다. 이미 마치 만인이 부처가 될 준비를 하고 있고, 부족함 없이 충분하게 지니고 있던 자신의 번뇌를 선연善緣으로 하여서 염불하여 부처가 될 수 있는 것입니다. 그렇기에 이 염불행을 이행도易行道**라고 할 수 있습니다.

그렇지만 이행이기 때문에 난신難信이기도 합니다. 즉 염불은 하기 용이容易하지만 믿기는 어

---

* 아미타불(阿彌陀佛).

** 쉽게 수행할 수 있는 길. 즉 난행도인 참선 등의 정진에 비하여 비교적 접하기 쉽고 행하기 쉬운 염불행을 말한다.

렵다는 것입니다. 그러면 무엇이 그렇게 믿기 어려운 수행일까요? 우리는 '이 외우기도 쉬운 나무아미타불 여섯 자 명호名號가 과연 내게 어떠한 이익이라도 가져올까?', '이 여섯 자가 무엇이기에 나를 크게 변화시키는 수행이 되는 걸까?', '그깟 입으로 마음으로 나무아미타불 하며 염불한다고 갑자기 무슨 변화가 일어나겠는가?' 하며 의심이 일어날 수 있겠지요. 이러한 의문은 염불의 실체를 경시하는 소이所以라고 봅니다. 앞에서 언급했듯이 우리는 염불을 논하기 전에 우선 염불을 운운云云하는 자신의 모습을 돌아봐야 합니다.

나 자신은 구원겁 이전부터 본래 에고Ego* 덩어리이고, 죄악이 심중하고 번뇌가 치성한 범부

---

* 자아(自我, ego): 정신분석이론에서 '자기' 또는 '나'로 경험되며 지각을 통해 외부세계와 접촉하는 인간성격의 일부분을 가리킨다.

라는 것을 자인自認하기가 쉽지 않습니다. 우리는 자신에 대해서는 가장 잘 용서하고 자기 합리화를 잘 하는 존재입니다. 곤란한 일이 있으면 피하거나 두터운 방호벽을 쌓기도 하고 자기 합리화를 위해 변명을 하며 남한테 책임을 미룹니다. 심지어는 강하다고 여기는 자의 그늘 밑에 숨어 기회를 엿보기도 합니다. 반면 유리한 일에는 남이 한 일까지도 자기가 한 것처럼 꾸미며 앞에 나서려고 합니다. 무엇보다도 자신에게는 무척 후하게 대하는 것을 느낄 수가 있습니다. 남에게는 매몰차게 야단치면서도 자신에게는 행위를 정당화하고 언제나 용서하려고 듭니다. 남의 재물로 자신의 것인 양 인심을 쓰고, 언제나 자기 의견이 옳다고 주장하며 좀처럼 남의 의견은 들으려고도 하지 않습니다. 자기의 의견과 판단이 옳다고 주장하는 것은 독선입니다. 이러한 위선자와 독선자가 바로 나였던 것입니다.

　이러한 나는 아미타부처님 앞에서 떳떳하고 완벽한 사람이 되는 것이 좀처럼 어렵습니다. 더구나 나를 돋보이게 하려고 대개 나보다도 더 죄악이 심중하다고 여겨지는 사람을 동반자로 데리고 와서 비교하며 그 사람보다는 아직 내 쪽이 조금은 괜찮다고 자신의 죄과를 낮추려 합니다. 그러고서는 남에 비해 자기의 우위를 뽐내려 합니다. 실로 이러한 교활함이 오랜 동안의 습관으로 아무렇지 않게 행해지고 있기에 자신을 드러내 범부라고 자각하기에는 스스로 고통과 저항을 느낄 정도입니다.

　진정한 나는 아미타부처님 앞에서 절대 완벽한 사람이 될 수 없습니다. 그렇지만 진정한 나로 자각이 될 때 비로소 부처님을 친견할 수가 있게 됩니다. 부처님의 대자비를 절대로 혼자서 독차지할 수 없지만 이러한 나 하나만을 위한 법장보살의 비원이라고 생각하면 큰 감동을 떨칠 수 없는 것입니다. 이러한 법장보살의 오겁사유五劫思惟의 원을 생각할 때 나는 삼가 찬탄을 표하지 않을 수 없습니다. "생각하면 생각할수록 그것이 오로지 이 보잘 것 없는 나 하나만을 위한 원이었구나"*라고 기뻐하시던 옛 스승님들의 모습을 떠오르게 합니다. 선사들은 자신이 완전히 이 우주에서 유일한 죄악 심중한 범부로서 자각이 있었기 때문에 아미타부처님을 만나고 그 자비에 그 누구보다도 깊이 감사하셨던 것이겠지요.

아미타부처님의 자비를 깊이 감득感得하려면 먼저 나의 감각이 예민해져야 합니다. 나의 자아가 교만한 자태로 버티고 있고, 또 얼마나 참회를 방해하고 있으며, 그 상이 나의 성불에 얼마

---

* 성전편찬위원회 편저, 『진종성전, 정토화찬』(동본원사출판부, 1983), 640쪽.

나 장애가 될까? 하는 것을 생각하면 슬퍼하지 않을 수 없습니다.

또 옛 조사들께서는 열반 직전까지도 명문이양名聞利養*을 쫓아내고 타인에게 조금이라도 잘 보이는 것을 멀리했습니다. 또 한 자字라도 더 얻고 싶다는 이기심이 불같이 일어나는 일에 대하여서도 경계했습니다. 이런 업業 karma**이 아미타불의 자비를 가로막고 있는 것이라 하여 슬퍼하셨습니다. 그러한 명문이양의 사고를 멀리하는 사람이야말로 부처님에게 가장 가까이 있는 셈입니다.

---

* 세상에서 얻는 명성과 이득
** 업은 이생의 삶이 윤회(輪廻) 사슬 중 하나에 지나지 않으며 그것은 전생에서 행한 행위로 결정된다고 보는 인도인들의 믿음에 기초를 두고 있다. 인도인들은 이것을 이론의 여지 없는 자연법칙으로 받아들인다. 또한 업은 몸[身]으로만 짓는 것이 아니라 입[口]과 뜻[意]으로도 짓는 것으로 여겨 신·구·의 3업 개념을 성립시켰다.

법장보살의 48원*에 따르면 우리는 염불하면 정토에 태어나게 됩니다.** 그러나 염불을 한다고 해도 우리의 염불은 정토에 왕생할 수 있을 정도로 순수한 염불이 되지 않습니다. 오히려 우리는 스스로의 염불이 탁해져 있지는 않은가 굉장히 염려스러움을 느끼게 됩니다.

이러한 염불자로서의 자신이 정토에서 멀리 떨어진 머나먼 존재밖에 안 된다는 슬픔을 가지면 역逆으로 정토에 가까이 갈 수 있는 것입니다. 그러나 우리 자신은 자아의 자각으로 직접 정토에 갈 수 있다고 확신하는 그러한 불순한 존재일지도 모릅니다.

이러한 자아의 실체를 알고 철저한 자기부정을 통해 자신은 절대로 정토에 태어날 수 없는

---

* 48가지의 중생구제의 원, 본원(本願)이라 한다.
** 본원의 중심원인 제18원, 염불왕생원.

범부라는 자각을 하며 염불해야 합니다. 또한 범
부라는 실의와 슬픈 마음에서도 빨리 깨어나야
합니다. 그러려면 선지식들의 이끎에 의지해 본
원의 만남을 이루어 그것이 염불의 신심으로 승
화되어 나타나야 합니다.

제 **3** 장
염불의 전등

숙업宿業의 염불

일본의 유이엔唯円 스님이 자신의 스승이며
정토진종의 창시자인 신란親鸞(1173~1263)대사
의 가르침을 모아 편집한 책으로, 일본인들이 가
장 좋아하는 불교서적으로 꼽힌 『탄이초歎異抄』
제2조를 보면 다음의 글이 나옵니다.

"염불이란 것이 진정으로 정토에 태어나는 씨
앗(正因)인가? 아니면 반대로 지옥에 떨어지
는 행위가 될까? 도무지 내가 알 수 없는 일
입니다. 그런데 만약에 스승인 호넨대사法然
上人에게 속아 염불하여 지옥에 떨어진다 하

더라도 나는 결코 후회하지는 않을 것입니다.
왜냐하면 내가 다른 수행修行에 정진하여서
부처가 될 수 있는 몸이 그 수행을 버리고 스
승의 가르침인 염불을 하여서 지옥에 떨어져
버렸다 하면 속았다고 하여 후회가 막심하겠
지요. 그러나 나는 그 어떠한 수행이라도 미
치지 못하는 몸(나)이기 때문에 아무래도 지
옥 이외에 갈 곳은 없기 때문입니다.”

나란 존재는 죄악이 깊고 무거우며, 번뇌가
불같이 일어나 멈추지 않는 한 범부입니다. 그
러한 자각을 하고 보면 이 자리가 자신의 정해진
자리임을 부정할 수 없습니다. 이곳에서 한 발자
국도 움직일 수가 없는 자신의 영원한 자리가 범
부의 자리입니다. 그렇기 때문에 이러한 자신의
자리가 바로 숙업宿業에 따른 자리이고 자아의
작용으로 이를 넘어설 수 없는 것이기 때문에 이

범부의 명칭을 따를 수밖에 없다고 말씀드릴 수 있습니다. 하지만 이 자리야말로 우리에게 진실의 장소임에도 불구하고 이 자리를 인정하고 스스로 나아가 앉으려고 하지는 않습니다.

따라서 깊이깊이 생각해 보면 범부임을 깨닫게 해주신 스승님에게 깊고 무한한 믿음을 갖게 됩니다. 스승의 가르침은 우리가 범부임을 깨닫게 함과 동시에 범부로 부터 탈각하는 법을 가르쳐 받게 합니다. 이러한 가르침을 절대 신뢰하는 제자로서의 자세가 그대로 감동이 되어 자연스럽게 후학에게 전승될 수 있음을 여실히 나타내 보이는 대목입니다. 오늘날 스승 부재의 시기에 진정한 사제지간의 관계를 되돌아봐야 하는 대목입니다.

나의 탈각脱殼 – 자유인의 길

이제 스승님의 가르침으로 타력 염불을 만나게 되었습니다. 나는 그 불가사의한 힘에 의해 이 자리에 앉게 되었습니다. 불가사의하게도 나는 번뇌에서 해방이 성취되고 자유독립이 달성되어 내가 걸어가고 있는 앞길에 찬란한 광명이 빛나고 있습니다. 법장보살이 성취하신 비원의 가피가 십겁이 지난 지금 새삼스럽게 나에게 사실이 되어 부처님의 숨결로 다가오고 있음을 느낍니다. 그 구원겁久遠劫*으로부터 전승되어 온

* 오랜 이전의 시간.

진실이 이제 나에게까지 다가와 나의 삼업三業*을 청정하게 함으로써 법장보살의 본원성취의 진실을 증명해 주고 있습니다. 조재영겁兆載永劫의 역사를 가진 본원의 역사는 나라고 하는 인간을 완성시키고 본원에 의해 완성된 내가 또 본원의 역사를 이어가는 주인공이 된 것입니다. 선지식들의 증명으로 염불자가 되고 그것이 또한 나의 염불왕생의 전통이 되어 후대에 그대로 전승되는 것입니다. 영광스럽게도 무궁한 아미타불의 성스러운 사업에 참여할 수 있도록 나에게도 이렇게 기회를 주셨던 것입니다. 이것이야말로 내가 사바세계의 인간으로 태어난 이유이며 또 한편으로 나의 숙원宿願이기도 합니다.

나는 지금 내 앞에 놓인 이 국토의 새로운 도로 위에 설레는 마음으로 첫 발자국을 남기려 합

---

* 신·구·의(身口意) 3업.

니다. 왠지 조금은 두렵기도 합니다. 그러나 다른 길을 선택할 힘도 지혜도 없습니다. 그냥 법장의 대원大願에 의지해 오로지 걸어가겠습니다. 나에게는 그 밖의 다른 선택지도 없습니다. 그렇지만 나는 주위의 바람소리에조차 눈치를 보게 됩니다. 과연 이 선택지가 어떠한 결과로 다가올지 불안 합니다. 그러나 나는 이 미지의 도로를 선지자인 조사께서도 걸으셨다기에 그냥 믿고 걸어 보렵니다. 눈을 똑바로 뜨고 앞으로 걸어 나가겠습니다.

돌아가야 할 곳 – 구회일처俱會一處*

우리는 자신의 내면에 부처님이 될 성질을 확실히 지니고 있다고 가르침을 받았습니다.** 중생이 본래 부처님인 것을 몰랐더라도, 아니면 중생이 중생의 몸인 것을 부정하더라도 종국에는 부처가 될 것은 분명합니다. 본래 우리가 부처님의 종자를 지니고 있다면 당연히 부처가 될 수 있는 것이겠지요. 그렇다고 하면 우리는 확실히 부처의 세계인 극락정토에 태어날 수 있다는 것이

---

* 모두 함께 극락정토에서 태어나 만날 수 있다는 것. 『불설아미타경』
** 일체중생 실유불성(一切衆生悉有佛性).

됩니다. 물론 왕생극락*도 성립되는 것이겠지요.

그러나 우리의 몸이 시간이나 공간 이동을 통해 직접 부처가 되거나 그대로 정토에 태어나거나 하지는 않습니다. 그 왕생극락은 우리에게 간접적으로 용인되는 것입니다. 간접적으로 부처가 되거나, 정토에 태어나는 것을 방편이라고 합니다. 더구나 이것은 직접적이라고 해도 손색없고, 결과적으로 극락왕생의 성취가 틀림없기에 이 방편을 무상방편無上方便이라고 말할 수 있습니다.

본원을 믿고 염불하면 부처가 됩니다. 염불하여 정토에 태어난다고 하면 염불이 부처가 되는 것입니다. 염불은 정토에 태어나는 수단과 같아서 이 점에서는 간접적인 왕생이 되는 것입니다.

---

* 극락왕생(極樂往生)은 이 세상에 명연(命緣)이 다하여, 아미타불이 건설하시고 주재하시는 극락에 태어남을 뜻한다. 그곳은 어떤 괴로움이나 걱정이 없고 안락한 자유로운 세상이다.

그러나 이미 앞에서 말씀드렸듯이 자아가 부처
가 되는 것이 아니고 자아를 넘어선 진정한 내가
부처가 되는 것입니다. 그렇기에 염불이 무르익
으면 성불하게 됩니다. 결국은 이 염불로 왕생하
는 것이기 때문에 간접적이면서도 더욱이 직접
적이라고 말할 수 있지 않겠습니까? 이 염불은
실천적인 참회라는 형태로 행해지는 것입니다.

「강아지는 맨발이었다」라는 제목의 마루야마
가오루丸山薫*의 시詩가 있습니다.

어느 날 모두 함께
툇마루 끝에 걸터앉은 나는
갑자기 주르륵 눈물이 흘러내렸다.

* 시인. 동경대학 중퇴. 1930년대 사계파(四季派)의 서정시인
중 한명.

176

어머니는 눈에 먼지라도 들어갔는가를 묻고
아내는 의아한 표정으로 나를 바라보았다.
나는 웃어 얼버무리려고 했지만
넘쳐흐르는 눈물을
숨길 도리가 없었다.
센티멘털하다고 자책하지 마라
실은 하찮은 일로 슬퍼했단다.
사랑하는 개의 면綿과 같은

털 결이 덥수룩하게 엉켜 있었다.
우리보다도 영리怜悧하고 정직한
저 작은 영혼이
언제나 차가운 맨발로
지면地面에서 올려다보고 있는 모습이
가련可憐하여 참을 수가 없었다.

이 시인은 어느 날 가족과 툇마루에서 애견과 장난하면서 보통사람이 경험할 수 없는 놀랄 만한 체험을 했습니다. 개와 사람과의 일체화 내지 가치 전환이 일어났던 것입니다.

소위 상식적인 세계에서 인간을 만물의 영장이라고 합니다. 반면에 개는 인간을 위해 봉사하는 종속물로 그 대가로 먹이를 얻는 하등의 존재로 여겨집니다. 하지만 이날 시인에게 개는 인간보다도 훨씬 더 영리하고 정직한 영혼이었습니다. 대부분의 개는 인간의 명령을 충실하게 지키며, 자신의 배를 채울 만큼의 사료만 얻으면 그 이상 음식을 탐하지 않습니다. 단순하리만큼 필요할 때에는 정직하게 필요하다고 꼬리를 흔들고 싶을 때에는 돌아다보지도 않습니다. 이에 비해 인간은 어떻습니까? 겉으로 도덕적인 체하고 흉한 자신을 꾸미며, 뻔뻔스럽게 약속을 마구마구 깨어버립니다. 자신이 파멸하는 것을 알면서도 욕망에 눈이 멀어 어리석은 행동을 그치지 않습니다. 그 결과 자기 꾀에 자기가 넘어가 실패를 하는 어리석음을 범하게 됩니다. 남을 속이며 함정에 빠뜨리고 자신의 배를 채우는 것만으로 부족하여 제대로 사용도 못 할 재물을 남이 모르는 창고에 쌓아놓습니다. 자신의 이익을 위해 아첨하는 것을 서슴지 않습니다. 반면 마음에 들지 않으면 폭언과 폭행을 죄의식 없이 행하고 남의 가슴에 큰 상처를 남깁니다. 이러한 소행은 동물에게는 우선 없을 것입니다.

　이렇듯 속된말로 표현된 'X만도 못한 놈'이란 수식이 바로 우리의 정체입니다. 정직하고 착한 영혼을 가진 저 개가 지면에 차가운 맨발로 앉아 있습니다. 반면 강욕비도強欲非道*인 인간은 오만하게도 따스한 햇볕을 쏘이며 깨끗한 툇마루 위에 앉아서, 불쌍하고 정직한 저 영혼을 쇠사슬로 묶어 두고 몇 조각의 빵을 던져 주며 그들을 모욕합니다.

　더구나 시인은 순간 인간으로서 동물에게 이런 대우를 해서는 안 된다고 생각하며 개에게 부끄러워 진솔한 참회의 눈물을 흘렸던 것 같습니다. 상대적으로 개가 맨발이었기 때문에 불쌍하다는 동정론이 아닙니다. 시인은 개를 인간과 동등한 개체인 중생으로 여겼습니다. 그 가련한 영혼을 보고 문득 깨달음을 얻고는 눈물을 뚝뚝 흘

---

* 욕심이 강하고 지나쳐 도리가 아님.

렸던 것입니다. 개를 보고 인간인 것을 부끄러워
하는 일은 쉽게 벌어지는 일이 아닙니다.

그 시인의 어머니와 아내가 놀라는 것도 무리
는 아닙니다. 두 고부는 당황해 하면서도 갑작스
럽게 별것도 아닌 것으로 눈물이나 찔찔 짜는 그
의 기이한 행동을 이해할 수 없었을 것입니다.
가장으로서 당당함을 보여 왔던 평상시 행동과
는 배치된 센티멘털함과 나약함으로 여겨져 그
녀들을 놀라게 했을 것입니다.

우리가 생각하는 상식적인 세계란 인간중심
주의가 횡행하는 세계입니다. 그 상식의 세계에

서는 의심을 일으켜 본질을 깊이 파내려가서 생각하지 않습니다. 일반적 상식은 인간중심 사회로 짜인 틀 안에서 이루어집니다. 여기에서 시인이 눈물을 흘린 이유는 개를 거울로 비추인 자기 자신의 후안무치厚顔無恥*를 느끼고, 지금까지 깨닫지 못한 자연과 다른 생명들에게 불손했던 것에 대한 참회 때문일 수도 있습니다.

곰곰이 생각해 보면 인간에게는 개를 구박할 자격이 없습니다. 인간을 개보다 더 뛰어난 존재라고 어떻게 단정할 수 있을까요. 우리는 이러한 인간중심 사고를 정말로 안타까워해야 합니다. 그러나 이러한 자각은 개에게도 물론 일어날 리 없습니다. 그렇기 때문에 '개만도 못하다'는 자각을 하는 것은 인간과 개를 훨씬 넘어서 있는 경지입니다. 어머니도 아내도 일반 상식인들도

---

* 얼굴 가죽이 두꺼워 뻔뻔하며 부끄러움을 느끼지 못함.

이 슬픔을 잘 알지 못할 것입니다. 하지만 시인의 자각은 인간의 상식을 넘어서 있는 정토의 세계에 이미 닿아 있는 것입니다.

'중생이 아프면 부처도 아프다'는 동체감정同體感情*의 부처님의 세계가 바로 그것입니다. 요컨대 이 시 안에서의 시인은 적어도 이때만은 개만도 못하다고 슬퍼하므로 개만도 못한 존재가 개를 넘어서고 인간을 넘어서 이윽고 부처가 되어 있었던 것입니다.

이 시에서는 개가 이 시인에게 자각을 주는 존재이기에 이미 개도 부처가 되어 있겠지요. 이때 시인은 부처와 부처의 세계, 즉 정토 세계를 개와 인간과의 틈 사이로 살짝 엿보았던 것입니다. 툇마루에 있었던 세 사람 중에 자신의 본질을 보는 눈을 가진 감각이 예민한 시인만이 개에

---

* 동체대비(同體大悲), 무연자비(無緣慈悲)와 같은 의미.

의해 구제되었습니다. 아니 개에게 품었던 참회의 마음으로 구제되었습니다. 작가의 시에서 표현된 동물과 인간과의 상생은 단순히 인간의 감성적인 일로 치부할 수 없는 사건들인 것입니다.

무유호추원無有好醜願*의 세계

인간중심적 교만은 동서고금을 불문하고 인간이 살고 있는 곳이라면 어디나 항상 존재합니다. 현재에도 인간과 인간과의 차별뿐만 아니라 동물에 대한 종속적 사고로 벌어지는 문제가 해소되지 않고 있습니다.

요즈음 전 세계 동물보호단체에서는 동물학대 방지 및 반려동물 보호 문제가 크게 대두하고 있습니다. 그러한 가운데 한국에서 개를 식용하

---

* 본원(本願)인 48원의 제4원인 좋고 나쁨, 아름다움과 추한 세계를 없애는 원.

는 문화가 외국 동물보호단체는 물론 미주와 유럽 사람들에게 야만 행위라고 비판을 받기도 했습니다. 한편 한국인들이 동물을 대하는 의식수준도 성장하여 동물보호에 대한 여론이 형성되었습니다. 급기야 동물학대 방지법안까지 제정하게 된 것입니다.

동물학대 방지 국회법안 제1조(목적)를 보면 다음과 같습니다.

"동물에 대한 학대행위의 방지 등 동물을 적정하게 보호·관리하기 위하여 필요한 사항을 규정함으로써 동물의 생명 보호, 안전 보장 및 복지 증진을 꾀하고, 동물의 생명 존중 등 국민의 정서를 함양하는 데에 이바지함을 목적으로 한다."

이러한 법안이 제정되어 시행되면 한국인의

정서 수준 향상은 물론 인간존중 정신이 함양될 것이니 정말로 다행스러운 일입니다.

고타마 싯타르타 태자는 12세의 어린나이에 연례행사인 춘경제春耕祭*에 참석하여 "고기몸"**

---

* 춘경제는 BC 612년에 있었던 연례행사. 싯다르타 태자는 12세에 생태계의 약육강식과 적자생존의 참혹하고 고통스런 실상을 관찰하고 심한 충격을 받는다. 고된 노동으로 고통스러워하는 민초들의 삶의 현실을 최초로 인식한다. 초선의 경지.

** 김성철 교수의 저서 『불교하는 사람은』에서 인용.

의 비극인 약육강식弱肉强食의 현장을 목격하고 그 충격에서 벗어나지 못했습니다. 그처럼 약한 자에게 자비의 마음을 품어야지 힘이 없다고 자신의 종속물처럼 취급해서는 안 됩니다. 한국도 약자와 동물의 학대를 방치하는 수준에서 빨리 탈피해야 하고, 외국의 시선도 감안해 야만인이라는 비판적 오명에서 벗어나야 하지 않겠습니까?

동물과 인간, 인간과 인간의 관계에서 평등을 유지하는 것은 힘이 듭니다. 전 지구적으로 인류는 자기 안위를 위해 타인을 고통에 빠지게 하는 악업을 짓고 있고, 또 이득도 없는 무자비한 전쟁을 자행하며 많은 생명을 희생시키고 있습니다. 우리도 이러한 희생에 방관자로서 눈을 감고 아무런 의식 없이 풍요를 만끽하는 주인공인 양 행세하고 있지는 않았나요? 그러나 이 세상 모든 일에 자신이 주인공이 되어야 한다는 마음에

서 탈피하여 엑스트라 역할도 마다하지 않아야
합니다. 이런 마음이 싹틀 때 비로소 남과 나의
공생관계가 성립되고 사회질서가 건전하게 유지
되지 않겠습니까? 만일 그렇지 못하고 자기중심
적 사고를 탈피하지 못한다면 세계평화를 이루
는 길은 요원할 것입니다.

　법장보살은 이 세상에서 강한 자도 약한 자도
없고, 아름답고 추함도 없는 사회를 만들기 위해
그 오랜 시간 동안 인고의 세월을 감수하셨습니

다. 그 결과 드디어 그가 원하던 평등의 세계를 성취하시고 우리를 그 평등의 세계로 초청하십니다. 우리는 그처럼 자비로우신 분을 어찌 찬탄하지 않을 수 있겠습니까?

영겁永劫 사유의 비원悲願

법장보살이 오겁五劫*이란 오랜 기간 동안 사유思惟한 이유도 인간 사회의 고질적인 어려움을 넘어서기가 힘들었기 때문입니다. 사실 이러한 현실을 살아가는 우리의 삶이 평탄하지는 않습니다. 때로는 자신의 의지와 관계없이 많은 잘못을 하고, 약삭빠른 자기 계산에 함몰되어 남의 삶을 계산해 넣지 않습니다. 이렇게 이기적인 삶에 익숙한 자신은 정작 남을 질타합니다. 언제나

---

* 헤아릴 수 없는 오랜 시간을 상징한다. 영겁, 무량겁과 유사한 뜻이다.

남에게 잘못을 구하며 자신의 잘못을 망각한 삶을 영위하고 있습니다. 자신의 현실을 외면한 이러한 삶에서 참회라는 것은 남의 일처럼 되어버립니다. 자신이 참회해야 할 것을 접어 두고 남에게 참회하라고 요구하는 이러한 모순된 삶을 사는 존재가 우리 자신이라는 것을 하루빨리 인지해야 합니다.

사실 아미타부처님은 우리에게 참회를 가르쳐 주시는 분입니다. 이 참회는 나의 진정한 깨달음이며 이 참회의 외침이 곧 나무아미타불南無阿彌陀佛입니다. 지금 우리가 구하는 것은 신神이나 부처가 아닙니다. 진정으로 구하는 것은 염불의 법이고, 대자연의 섭리에 대한 깨달음입니다. 우리가 하는 염불은 맹신 때문이 아니고 부정하려 해도 부정할 수 없는 도리에 따른 일입니다. 그곳에 무언가의 비밀도 있을 수 없습니다. 이미 천하에 공개된 있는 그대로의 도리만이 있을 뿐입니다.

우리는 우리의 외적인 무언가로 구제되어 있는 것이 아닙니다. 신이나 부처라고 불리는 우리 외부의 절대적 대상에 참회하더라도 선뜻 구제되는 것은 아닙니다. 우리의 참회란 잘못되었다고 여기는 행위에 대해 변명할 여지가 없이 미안하다고 하는 수준의 것이 아닙니다. 진정한 참회는 지금 여기 있다고 여겨지는 나라는 존재가 숨쉬기도 참으로 미안한 마음이 드는 그 자체입니다.

이 참회는 자신의 전 존재와 자아를 넘어선 것 앞에 자신을 온전히 내던지지 않을 수 없는 마음입니다. 이 참회란 자신의 전생을 포함한 전 존재가 내던져질 때 최후의 아성으로 의지하고 있었던 자아가 천둥소리를 내듯 붕괴하는 것입니다. 이런 자아가 한번 무너져 내리면 그때가 자신의 생명이 끝나고 새로운 생이 시작되는 때라는 각오를 다져야 합니다.

우리가 자신이라고 믿고 있던 형상은 스스로 앞을 볼 수 없습니다. 그렇기에 자아로 하여금 자신을 움직이려 합니다. 사람들은 그 자아가 자신의 절대적 믿음이고 전부이며 최후라고 의지해 온 것입니다. 우리에게서 그 최후의 자아가 무너져 내려야만 비로소 우리 저변에 숨겨진 진정한 부처님을 만나게 됩니다. 이렇게 진정한 자아의 주체가 올바르게 확립되는 것은 정말 획기적인 사건이라고 할 수 있습니다.

이런 '자아의 주체'라든가 '부처'라든가 하는 것은 형상으로 파악되는 것이 아닙니다. 항상 그러한 형상에 의지하여 살아 왔던 자신의 어리석음에서 하루바삐 탈각해야 합니다. 그것이 진정한 자신을 만나는 방도이며 곧 진정한 부처님을 만나는 유일한 길입니다. 또한 밖으로는 지금까지 자신의 발에 짓밟혀 왔던 모든 유정有情*에

대해 정말로 죄스럽다고 참회하는 진정한 겸허
함도 이 자아붕괴自我崩壞로 나타나는 것입니다.
이것이 절대 진실의 염불자의 자세입니다. 자아
의 참회 이후에 만난 새로운 부처님 세계의 정화
된 물은 용솟음치듯이 뿜어 나옵니다. 그때에 전
우주와 전 역사에 바쳤던 귀중한 시간의 무게만
큼 나의 업의 무게가 실리는 것입니다. 이때 발
현되는 '나'는 지금까지의 아집덩어리 나와는 다
릅니다. 이때의 '나'는 소홀히 할 수 없는 생명으
로서 자기를 존경하고 중하게 여기는 마음이 일
어나는 것입니다. 아마도 석가모니 부처님이 천
상천하유아독존天上天下唯我獨尊**이라고 외쳤던
의미는 바로 이 마음에서 발로한 것이겠지요.

* 중생계인 인간부터 미물(微物)까지 포함한 모든 인연. 여기서
  는 약자를 가리킨다.
** 석가모니의 탄생설화 "천상천하유아독존(天上天下唯我獨尊)
  삼계개고아당안지(三界皆苦我當安之)".

우리에게 지독한 미혹과 번민이 주어져 있는 이유는 감사하게도 그 번민을 통해 염불의 법을 만날 수 있기 때문입니다. 인간은 고민이나 고통이 없으면 법을 구하려고 하지 않습니다. 그렇게 구하여 다행히 가르침(법)을 만날 수 있기에 비로소 우리의 미혹과 번민이 의미가 더 깊어지는 것입니다.

우리가 구제된다는 것은 미혹되고 또 번민하는 것들이 전부 쓸데없는 게 아니란 것입니다. 나의 미혹과 고민이 바로 내가 성불하는 씨앗이 됩니다. 이 미혹과 이 번뇌를 있는 그대로 안고 살면 미혹과 번민은 기뻐서 우리에게서 사라져 가는 것입니다. 아니 사라지지 않더라도 그날부터 번뇌와 미혹으로부터 방해는 받지 않게 됩니다. 이 미혹과 번민에 의해 우리는 더욱 한층 부처님의 가르침에 가까이 갈 수가 있습니다. 미혹과 번민이 없어지면 오히려 가르침(법)을 만나는 것을 잊기 때문에 번뇌야말로 나의 생명의 은인이고 부처님의 생명과도 같은 것입니다. 이렇게 번뇌를 있는 그대로 받아 안고 산다면 어제까지만 해도 적이라고 생각하던 번뇌가 오늘부터는 가장 강력한 우군으로 바뀌게 됩니다.

이 세상을 가만히 들여다보면 살 권리가 있는 모든 생명*은 스스로 자각하지도 배우지도 않았는데 모두 염불을 하고 있습니다.

우리의 자아는 한 세상을 살면서도 한 걸음도 제대로 앞으로 나가지 못합니다. 이러한 자신의 모습을 성찰해 보면 '숙업宿業**의 범부'라는 자각을 하게 됩니다. 이 몸은 결코 어떠한 창조물로 나타난 것은 아닙니다. 구원겁에서부터 유전流轉해 온 이 한 몸입니다. 이 '고기몸'은 수십억

---

* 중생(衆生), 유정(有情).
** 숙세(宿世)의 업(業), 즉 전생에 지은 선악(善惡)의 행업.

내지 수백억의 수없는 조상에게서 물려받은 뛰어난 유전자만이 집합된 존재임을 명심해야 합니다.

우리가 이와 같은 존귀한 존재임을 생각할 때에, 주저 없이 합장하고 예배하고 찬탄하며 종잇장처럼 이 세상에서 가장 낮은 자세로 납작 엎드리는 것이 염불자의 참 모습이 아닐까요?

염불의 실재實在

　인간은 자신 가운데 가장 뛰어나다고 믿고 싶은 분별지分別智와 이지理知를 내어 자신의 얼굴로 택합니다. 그러나 인간이 아무리 이지적이고 뛰어난 영재라고 해도 자의 타의로 어떠한 인연과의 만남을 면할 수는 없고 비껴 갈 수 없습니다.

　자신의 유전자가 우월하다고 믿고 자의적으로 결정하여 모든 일을 해결해 나갈 수가 있다면 그 결과는 좋아야 하겠지요. 그러나 안타깝게도 모든 인연의 법칙은 우리의 능력과 유전자에 관계없이 그렇게 만나고 헤어짐을 반복합니다.

　따라서 이지적인 확신에 따른 행동은 성공 확

률이 그다지 높지 않습니다. 스스로가 자신의 우월함을 신뢰하고 목표치를 높게 잡고 생활하다가 기대치에 미치지 못하면 좌절과 실망의 늪에서 헤어 나오지 못하는 사람들이 부지기수입니다. 한껏 올려놓은 자기의 능력에 대한 맹신에서 헤어 나오기가 어려운 것입니다. 이른바 자아를 절대화하면 자신이 미쳐 알지 못했던 실망의 늪 또한 깊어지게 마련인 셈이겠죠. 또한 남이 자신을 인정해 주거나 무한히 신뢰하는 것을 기대하는 것조차 삶에 그다지 도움이 되지 않습니다. 자신의 변화된 삶이 빛이 날 때 남들도 자신을 바라보는 것입니다.

일상 중에 슬플 때는 울기도 하고 기쁠 때는 웃기도 하며, 화나면 화를 내기도 하고, 성을 내면서 허공을 향해 고함을 치기도 하는 그 모든 행위가 사실은 염불의 모습 자체입니다. 있는 그대로인 자신의 모습이 보이면 바로 염불자로서 자격이 주어집니다. 염불이란 절대 현실의 모습, 절체절명의 지금의 현실을 받아들이고 받아들이지 않고 하는 것이 아닙니다. 현실 속에 있는 그 자체의 나로부터 자아를 빼내려고 심한 몸트림을 하는 행위가 바로 염불이라 할 수 있습니다.

이러한 실재의 현실을 나무아미타불이라는 문자 기호로 바꾸어 나타낸 것이 염불이기 때문에 염불은 이 세상의 모든 것을 실상 그대로 한마디로 표현하고 있는 것입니다. 이렇듯 언어로 '나무아미타불'을 소리 내지만 그 언어가 문자화되고 그 언어가 생활화되는 것이 염불입니다. 이렇게 보면 염불은 우리의 실재實在의 외침입니다.

우리는 염불로부터 한 걸음도 떠날 수 없습니다. 염불을 믿지도 않고 하지도 않는 사람도 염불을 믿지 않는 모습 그대로 염불을 하고 있는 것입니다. 무신론자無神論者도 무종교자도 각자 그렇게 외치지 않을 수 없는 모습으로 염불을 하고 있는 것입니다. 우리에게 변할 수 없는 것은 아침부터 밤늦게까지 그리고 태어나면서 죽는 날까지 일상이 염불로 일관하고 있다는 사실입니다. 모든 것은 염불 아닌 것이 없습니다. 우리는 알든 모르든 관계없이 십겁 이전의 세월부터 지금까지 염불을 지속해 온 것입니다. 단지 우리에게 주어진 것은 현재 생활도 염불 속에 있다는 그 사실을 자각하는 것 하나뿐입니다.

염불은 지금부터 새로운 세계와 환경에 적응해 가는 것이 아닙니다. 염불은 세계 자체에 이미 존재합니다. 이러한 기정사실을 새삼스럽게 거론하거나 부정하는 것은 무용無用에 가깝습니다.

우리나라에서도 염불이 사라진 적이 없습니다. 혹자는 많은 법난으로 염불을 학살하여 잃었다고 여기기도 합니다. 역사적으로 시대와 환경이 급변함에 따라 새로운 권력자들에 의해 박해를 받기도 했지만 그럼에도 오랜 시간 동안 염불은 우리 삶에서 떠난 적이 없습니다. 우리의 한 세대 이전까지만 하여도 '나무아미타불'의 염불이 살아 있던 시대였습니다. 따라서 우리가 죽는다 하더라도 계속하여 염불은 살아 있을 것입니다. 아무리 세대가 바뀌고 흘러가더라도 염불은 그대로 존재합니다. 핵무기의 위협이나 장거리 미사일이 날아다니는 전쟁 등 모든 문제와 사태를 염불로 해결할 수 있습니다.

염불은 광대무변廣大無邊하고 사실을 가지는 강한 힘이 있습니다. 우리의 일체 행동이 지금까지는 제각각이었던 것이 염불을 자각하고 나면 염불로 완전히 통일되는 의미를 갖고 생기 있게 움직이는 것입니다.

그리고 염불은 스스로 그칠 때가 없습니다. 다시 말해서 나무아미타불이란 소리는 우리의

자아가 붕괴해 사라질 때의 터져 나오는 외침입
니다. 동시에 나에게서 인간 혁명이 성취된 것의
개가凱歌*이기도 합니다. 이것을 참괴慙愧**의 염
불, 환희의 염불이라고 부르는 까닭입니다. 염
불은 우리의 절실한 외침임과 동시에 우리의 내
면에 오랫동안 잠자고 있던 자아의 바른 깨달음
입니다. 그것은 이 염불을 성취하셨던 법장보살
의 기쁨의 목소리도 되는 것입니다. 또한 이 염
불이 타력회향他力回向의 신심이라고 말할 수 있
는 까닭입니다. 이러한 염불의 진의는 늘 이 삼
계三界***에 충만합니다. 염불에 진의가 없다면 생
명이 있는 염불이라 할 수 없습니다.

  염불을 무자각적으로 무작정 외우는 주문呪文

* 승리하여 기뻐서 부르는 노래. '개가를 올리다'라는 용법으로
  쓰여 '큰 성과를 거두다'는 뜻이 된다.
** 매우 부끄럽게 여김.
*** 중생이 사는 세 종류의 세계. 즉, 욕계(欲界)·색계(色界)·무
  색계(無色界).

204

과 같았던 시대가 있었습니다. 그러던 것이 조사들의 사유에 의해 진정한 염불로서의 생명이 불어넣어진 것입니다. 그 염불은 교주인 석가모니 부처님의 근본적인 가르침이며, 그렇기에 불교의 생명으로 자각된 것입니다.

요즘 일부 불자들은 염불을 주문呪文이라고 생각하기도 합니다. 주문과 염불은 분명 다릅니다. 주문의 염불에는 힘이 없습니다. 자각의 염불을 하고 나서 비로소 처음으로 어리석은 나, 둔감했던 나가 움직입니다. 자각의 염불만이 진실된 길을 걷는 힘을 갖게 해줍니다. 염불자로서 우리가 안고 있는 모든 고민과 고통에서 탈각하려고 할 때 선지식과 만남을 통해 가르침에 대한 진의를 접해야 합니다. 그래야 비로소 우리에게 염불이 진정한 신심으로서의 자각으로 바뀝니다.

선사先師의 염불

고려 말 나옹화상*이 쓴 유명한 시가 있습니다.

청산靑山은 나를 보고 말없이 살라 하고

창공蒼空은 나를 보고 티 없이 살라 하네

욕심慾心도 벗어놓고

성냄도 벗어놓고

바람같이 구름같이 살다가 가라 하네.

* 나옹화상(1320-1376)은 고려 공민왕 때 승려로 법명은 혜근(惠勤)이고 법호가 나옹(懶翁)이다. 보우와 함께 고려 말의 위대한 고승. 그림과 글씨에도 뛰어났으며, 노래를 많이 지어 문집인 『나옹집』에 보존하고 있다. 원나라 연경 법원사에서 만난 인도 승려 지공이 스승이다.

세월은 나를 보고 덧없다 하지 않고

우주는 나를 보고 곳 없다 하지 않네

번뇌煩惱도 벗어놓고

욕심도 벗어놓고

강같이 구름같이 말없이 가라 하네

이 시에는 나옹화상이 자연과 나와의 합일체合一體인 원융무애한 세계를 무상無常과 공空의 관점에서 풀어 넘어서려고 한 흔적이 역력합니다. 나라는 자아가 자연이라는 법계에 동화되어 이미 염불의 세계에서 살고 있는 나옹의 신앙심을 엿볼 수 있는 것 같습니다. 이 시가 유명하게 된 것은 자연을 그리워하는 옛 사람들과 현대인의 감성이 다르지 않고 맞아 떨어졌기 때문이라고 봅니다.

자연인으로서 삶을 동경하는 까닭은 도심의 콘크리트 벽에 갇힌 현대인들이 인위적인 생활

의 틀 안에서 숨 막혀 하며 살아가기 때문입니다. 이것이 이러한 우리에게 자연은 새 삶의 활력소인 산소를 여여如如하게 스며들게 해 일상을 즐겁게 해주고, 생활에 크나큰 에너지원이 되어 줍니다. 염불의 세계 역시도 이러한 자연계와의 합일체가 된 것입니다.

이 시를 지은 고려 말 나옹화상은 원元나라로 건너가 연경* 법원사에서 당시 선지식인 인도 승려 지공대사**와 만나 일생의 구도에 절대적 영향을 받습니다. 그러고는 조선 건국에 공이 큰 무학대사***에게 나옹의 존재는 큰 스승이었습니다. 이처럼 지공 – 나옹 – 무학으로 이어진 사제지간으로 전승된 정토염불의 법맥도 뛰어나 후학들이 고려 말의 3화상和尙으로 추앙하고 있습니다.**** 특히 나옹화상은 해인사에 보관된 목판본인 『신편보권문新編普勸文』에 나타난 정토사

---

* 원(元)나라의 수도.

** 인도 출신의 승려로, 중국의 여러 지방을 순례하고 고려에 들어와서 당시 불교 사상과 문화에 지대한 영향을 미친 고승으로 나옹화상의 스승이기도 하다. 1326년(충숙왕 13) 3월부터 1328년(충숙왕 15) 9월까지 고려에 머물면서 여러 사찰을 방문하였다 한다.

*** 무학자초(無學自超, 1327-1405)는 조선 건국에 영향을 끼친 승려로 나옹화상의 제자이다. 18세에 출가하여 1353년에 원(元)나라에 가서 인도의 승려 지공(指空, ?-1363)과 고려의 승려 나옹의 가르침을 받고, 1356년에 귀국하여 천성산 원효암에서 태조 이성계의 부름을 받고 조선의 최초이자 최후의 왕사를 지냈다. 제자는 득통기화(得通己和, 1376-1433).

**** 산신각이나 삼성각에 세 분의 탱화가 모셔져 예찬되고 있다.

상을 바탕으로 불교의 초보적인 사항을 되도록 쉬운 말로 풀이해 놓았습니다. 『나옹화상서왕가懶翁和尙西往歌』*라는 저서에는 그가 평소 추구했던 포교방법으로 낮은 신분 계층의 신도를 광범위하게 끌어들이고자 하는 의도가 담겨 있음을 알 수 있습니다.

나옹화상의 이 가송집에 나타난 그의 정토신앙을 간단히 정리하면 "세상만사가 덧없으니 세상의 즐거움에 집착하지 말고 불교에 귀의하여 염불로 공덕을 쌓아 극락왕생하자"로 요약할 수 있습니다. 즉 평소에 염불을 권면勸勉하는 내용입니다. "장미나무에는 장미꽃이 피고 무엇이라도 불가사의한데…"라는 시가 있습니다만, 장미나무에는 장미꽃이 피고 다른 꽃이 피지 않는다

---

* 고려 말기의 나옹화상 혜근이 지은 가송집. 불교 교리나 수행에 관한 초보적인 사항을 되도록 쉬운 말로 풀이했다.

는 것이 장미의 절체절명의 모습이고 이것이 곧 장미나무의 염불입니다. 현실적으로 콩을 심으면 콩의 싹이 돋아나지 팥의 싹이 나지는 않습니다. 연꽃은 누가 무어라 해도 연꽃의 모습으로 존재하고, 대나무는 어디까지나 대나무로 존재합니다. 이 모든 것의 본질은 불변하는 염불의 모습입니다. 오이는 오이의 모습으로 염불하고, 가지는 가지의 모습대로 염불하는 것입니다. 남자도 여자도 자기의 의지 여하에 관계없이 각각 본래의 모습을 가지고 존재하며, 그들은 각각 스스로 염불을 하고 있는 것입니다. 코끼리는 엄청나게 큰 동물이고, 참새는 어디까지나 작지만 이들도 또한 나름 염불의 세계에 있겠지요. 산하대지, 일월, 성신星辰, 어느 하나 염불하지 않는 것이 없습니다. 인간이 이렇게 불변하는 자연본연의 이치와 원칙을 파괴하면 그에 상응한 대가는 반드시 치르게 되는 것을 우리는 자연재해를 통

해 몸소 체험하고 있습니다. 또한 이것이 자연법
이自然法爾*의 원리인 것이고, 이 자연계는 곧 염
불의 세계이며 아미타불의 법계인 것을 알아야
합니다.

"청산첩첩미타굴靑山疊疊彌陀窟이요, 창해망망
적멸궁滄海茫茫寂滅宮"이라고 하신 것은 "산중 첩
첩으로 쌓여 이어지는 자연계의 어느 곳도 아미
타불 안 계신 곳도 없고, 아득하게 넓고 푸른 큰
바다는 아미타불의 적멸의 보궁 도량이라"는 의
미입니다. 이와 같이 자연계 전체가 아미타불의
손길이 안 미치는 세계가 없고 자연계 전체 자체
가 법계이며 바로 염불의 세계라는 의미인 것입
니다.

---

*   자연법이(自然法爾): 저절로, 자연스런, 혹은 자연 그대로가
    진리. '산은 산이요 물은 물이로다.'

우리에게 너무나 잘 알려진 "산은 산이요 물은 물이로다"라는 자연법어自然法語는 당唐의 고승인 청원선사*의 게송입니다. 이후에 한국 불교의 대선사大禪師인 성철스님**의 법어에도 많은 영향을 끼쳤습니다.

노승삼십년전미참선시 老僧三十年前未參禪時

노승이 삼십 년 전 참선을 하지 않았을 때에는

견산시산견수시수 見山是山見水是水

산을 보면 그냥 산이고 물을 보면 물이었다.

급지후래친견지식유개입처 及至後來親見知識有

個入處

후에 와서는 선지식을 만나 깨달음에 들어서서 보니

---

* 청원선사(靑原禪師, 671-738)는 당의 고승으로 남선종(南禪宗)의 조사인 육조혜능의 수제자이다.

** 성철스님(1912-1993)은 1936년 25세에 출가, 승납 3년만인 1940년 29세 때 대구 동화사 금당선원에서 하안거 중 문득 대오했다. 대한불교조계종 종정을 역임했다.

견산불시산견수불시수 見山不是山見水不是水

산을 보면 산이 아니고 물은 보면 물이 아니었다.

이금득개휴헐처 而今得個休歇處

지금에 와서 편안한 곳을 얻고 보니

의전견산지시산견수지시수 依前見山只是山見水
只是水

전에 본 산도 그냥 산이고 본 물도 그냥 물이로다.

— 청원선사

선사는 이어 이 시에 대해 "그대들이여 이 세 가지 견해가 같으냐? 다르냐? 이것을 가려내는 사람이 있으면 나와 같은 경지에 있다고 인정하겠노라"*라고 말했습니다. 이 게송은 1300년 전에 송宋나라의 임제종臨濟宗을 개종開宗한 후예後裔인 청원유신靑原惟信 선사의 유명한 법어로 알

---

* 성철스님 이력.

214

려져 있습니다.

이 게송은 선종의 내밀內密한 특징인 소위 노자老子*의 도교에서 나온 화광동진和光同塵**을 교시教示하려는 취지로 한 설법인 것으로 알려져 있습니다.

자연계의 법어는 그것이 곧 염불의 세계를 의미합니다. 염불자가 재능과 능력이 제아무리 뛰어나다고 자부하더라도 이러한 자연계 앞에서는 속진俗塵에 불과합니다. 자연법계의 불가사의한 힘 앞에는 정말 속절없는 몸이 되고 맙니다. 또

---

* 노자(老子, Laotzu): BC 6세기경에 중국 제자백가 가운데 하나인 도가(道家)의 창시자. 성(姓)은 이(李), 이름은 이(耳), 자는 백양(伯陽), 또는 담(聃). 노군(老君) 또는 태상노군(太上老君)으로 신성화되었다.

** 화광동진(和光同塵, 和光同尘): 빛을 부드럽게 하여 속세의 티끌과 함께한다는 뜻으로 자신의 덕과 재능을 감추고 세속을 따르고 속인들과 어울리는 것을 이르는 말이다. 불교에서는 부처나 보살이 중생을 제도하기 위해 본색을 감추고 인간계에 섞여 나타나 중생(衆生)을 제도하는 것을 가리킨다.

한 부처님의 위신력 앞에서는 우리의 능력은 항하*의 모래 한 알에 지나지 않습니다. 이 자체가 염불자가 지니는 특장이며 있는 그대로의 모습이 바로 염불자인 것입니다.

염불의 전통과 전승

오랜 시간 전승되어 온 이 염불의 주위에 분명히 나의 존재가 있습니다. 석가모니가 이 사바 세계에 강림하신 연유는 염불의 진정한 의의를 설하기 위함입니다.

역대의 조사들도 이 염불의 법등을 계승하여 이름도 모르는 우리의 선조들에게 염불 행자로서 살아가는 인생의 존귀함을 가르쳐 염불왕생에 대한 지각을 갖게 하셨던 것입니다.

석가모니에게서 유전해 온 염불 전통이 인도의 용수龍樹보살*과 천친天親보살** 그리고 중국의 담란曇鸞대사***, 도작道綽대사****, 선도善

* 용수보살(150?-250?)은 중관(中觀 Madhyamaka)을 주창한 인도의 불교 승려이다. 원래 이름은 나가르주나이나 뜻을 따라 한역되면서 용수로 알려졌다.

** 세친보살의 이명, 범어로 바수반두(Vasubandhu)의 번역으로 벌소반도(伐蘇畔度)라고 음역한다. 북인도 건타라국 '부르사부자' 사람. 4-5세기경의 학승. 바라문족 출신. 처음에 형(兄)과 함께 소승의 일체유부에 출현했다. 친형인 무착보살을 따라 대승으로 귀의 80세에 '아유다'국에서 죽었다.

*** 담란대사(476-542)는 중국 남북조시대의 승려이다. 저작으로는 『무량수경우바제사사원생게주』(無量壽經優婆提舍願生偈住), 『왕생론주』(往生論注) 2권, 『약론안락정토의』(略論安樂淨土義)·『찬아미타불게』(贊阿彌陀佛偈) 각 1권이 있다.

**** 도작대사(562-645)는 담란의 정토사상을 계승한 사람으로, 담란이 입적한 후 21년째 되는 북제(北齊)의 하청 원년에 병주의 문수(汶水)에서 태어났다.

導대사*로 이어집니다.

또한 한반도에서도 이러한 염불의 전승이 통일신라의 원효元曉대사**, 의상義湘대사(625~702), 경흥憬興대사*** 등을 거쳐 지금의 보잘것없는 나에게까지 전승傳承해주신 까닭이 무엇이겠습니까? 이는 오로지 나 하나만의 구제를 위한

* 선도대사(613-681)는 당나라의 승려로 도작의 제자이다. 저서로는 『관무량수불경소』(觀無量壽佛經疏) 4권, 『전경행도원왕생정토법사찬』(轉經行道願往生淨土法事贊) 2권, 그리고 『관념아미타불상해삼매공덕법문』(觀念阿彌陀佛相海三昧功德法門)·『왕생예찬게』(往生禮贊偈)·『의관경등명반주삼매행도왕생찬』(依觀經等明般舟三昧行道往生贊) 등이 각각 1권씩 있다.
** 원효대사(617-686)는 통일신라의 고승으로 『대승기신론소』(大乘起信論疏), 『금강삼매경론』(金剛三昧經論) 등 100-500여 권의 책을 저술했다. 특히 『십문화쟁론』(十門和諍論)은 원효의 일미(一味) 화쟁(和諍) 사상을 잘 보여주는 저작으로, 중국과 일본 불교계에 큰 영향을 미쳤다.
*** 경흥대사는 신라 문무왕에서 신문왕 때의 국사이다. 삼장(三藏：經藏·律藏·論藏)에 통달, 신문왕은 경흥을 국사로 대우했다. 저서로는 『무량수경연의술문찬』(無量壽經連義述文贊) 3권, 『삼미륵경소』(三彌勒經疏) 1권, 『금광명최승왕경약찬』(金光明最勝王經略贊) 5권이 있다.

아미타불의 불가사의한 오겁사유의 비원悲願이 있었기 때문입니다. 이 염불의 전승을 명확히 한 『탄이초歎異抄』 제2조를 보면 다음과 같은 말씀이 나옵니다.

"아미타부처님의 본원本願*이 진실이라 하면, 석가모니 부처님의 설교가 거짓(허튼소리)일 리가 없고. 석가모니 부처님의 말씀이 진실이라면 그 본원 염불의 진실을 나타낸 중국의 선도善導대사의 해석**이 거짓일 리가 있겠는가? 선도대사의 해석이 진실이라면 그것에 의해 염불왕생의 길을 밝혀 주신 스승님***의 가르침이 어떻게 거짓이 되겠습니까? 선사先師

---

* 아미타부처님이 성불하기 전 법장보살로 보살행을 닦을 때 발한 서원. 본원에는 총원(總願)과 별원(別願)이 있다.
** 선도대사의 저서인 『관경소』.
*** 일본 정토종의 호넨대사(法然上人).

의 가르침이 진실이라면 이 신란親鸞이 말한 취지(염불)가 어찌 헛되다고 말할 수 있겠습니까? 결국 어리석은 이 몸이 가지고 있는 신심信心으로는 이와 같습니다. 이 이상은 염불을 하여 왕생할 수 있는 길을 믿든 또 염불을 버리든 각자의 생각과 재량裁量입니다."

역대 조사들로부터 전승된 염불의 증명은 그 제자들에게로 전승되고 또 제자에게로 이어지는 전통적 전승입니다. 이러한 전통이 자신의 구제에 대한 증명이고, 이러한 구제의 손길이 어리석은 범부인 나에게까지 온다는 증명인 것입니다. 자신이 염불의 불가사의한 힘에 의해 구제된다는 자각을 할 때 비로소 깊은 믿음(深信)을 바탕으로 오로지 염불 정진을 하게 되는 것입니다.

통일신라의 원효대사도 전승된 이 염불세계 속에서 일생을 사셨던 분입니다. 같은 시기에 화엄華嚴의 대사로 알려져 있는 의상義湘대사 또한 부석사 무량수전無量壽殿*을 창건한 것으로 증명되듯이 마지막 생을 정토 염불신앙으로 보내셨다고 합니다. 특히 원효대사가 스스로를 소성거사小姓居士라 낮추어 부르며 염불을 한 것은 수행자로서 범계犯戒**가 아닌 탈계脫戒***로 인한 참회의 한 방편이었다고 할 수 있습니다. 그는 지방의 촌락, 길거리를 두루 돌아다니며 "모든 것에 걸림 없는 사람이 한 길로 생사를 벗어났도다"라는 무애사상을 가지고 바가지를 두드리며 거리낌 없이 노래와 춤을 추고 다녔다 합니다. 그는 또 이 가무와 잡담 중에도 염불의 참다운 세계가 있다는 것을 몸으로 직접 체험하고 염

---

* 아미타불을 주불로 모신 법당. 아미타전, 극락전이라고도 불린다.

** 계를 범함.

*** 계율을 초월함.

불을 민초들에게 포교하고 다녔습니다. 염불자
로서 또한 자유인으로서 원효의 무애사상은 그
의 사생활에서도 잘 나타납니다. 그는 어디에도
걸림이 없는 철저한 염불자였습니다. 자기 스스
로를 염불 무애승無碍僧으로 부르며 염불을 널리
알려 일반 서민들의 교화에 보살행菩薩行을 펼쳤
던 것입니다.

『탄이초』 제7조에는 다음과 같은 말씀이 나옵
니다.

"염불자念佛者는 무애無碍의 일도一途*이다.
그 까닭이 무엇인가 하면 본원을 믿고 염불하
는 사람에게는 모든 천신天神과 지기地祇**들

---

* 그 무엇에도 방해를 받지 않는 오로지 한길.
** 하늘과 땅의 모든 신들.

이 존경하여 넙죽 엎드리고 악마惡魔도 외도外
道*도 그 길을 방해하지도 않는다. 또 어떠한
죄악罪惡의 과보조차 가져오지 못하게 한다.
어떠한 선근善根도 본원의 염불에는 미치지
못하기 때문에 염불자에게는 무애無碍의 일도
一道이다."

원효대사가 "일체에 걸림이 없는 사람은 단번
에 생사를 벗어난다(일체무애인 일도출생사一切
無导人 一道出生死)"라고 한 것을 보더라도 무애사
상에 근거한 수행이 바로 진정한 염불자의 모습
이라는 것을 짐작하게 합니다.
　이처럼 원효는 스스로 계戒를 초월하여 오로
지 대중교화를 위한 방편이 곧 염불임을 실천하
신 분입니다. 그러므로 그의 염불행 속에는 철저

* 　도리에 어긋나는 길을 걷는 자, 정도에 반하는 길.

한 자유가 자연계의 그의 모습에 내재되어 있었고, 스스로도 철저한 자유인이 될 수 있었다고 평가됩니다.

한반도에 정토신앙이 전래된 이래 법위·원효·현일·의적·경흥 등 신라의 대학승들은 정토신앙에 대한 교학적 연구에 매진하여 훌륭한 업적을 남겼으며 중국과 일본의 정토신앙에도 직간접적인 영향을 주었습니다.

특히 이러한 원효대사의 찬술인 『유심안락도遊心安樂道』*에서 "정토종淨土宗의 의취意趣는 원래 범부를 위한 것이고 또 범부를 위한 것이다"라는 것을 들어 정토종이라 이름하는 증거라 하였습니다. 이 점을 들어 일본의 호넨대사는 『선

---

* 원효대사가 자신의 저술인 『무량수경종요』(無量壽經宗要)를 더욱 깊이 부연한 술찬서로 정토사상을 논술한 책이다. 그 내용이 탁월하고 문장이 간략하면서도 의미가 풍부하며 논리가 분명한 저술이다

택본원염불집選擇本願念佛集』*에서 이러한 원효 대사의 업적을 서술합니다. 원효대사의 정토종에 대한 증명을 계기로 호넨대사가 일본의 정토종을 여는 계기가 되었음을 알 수가 있습니다.

일본 정토진종淨土眞宗 조사祖師인 신란親鸞대사도 스승인 호넨대사에 의해 염불에 눈을 뜨게 되었습니다. 염불자가 된 그 역시도 우독愚禿**이란 법명으로 스스로를 낮추어 부르며 진정한 미타의 본원을 만나 아미타불의 광명 속에서 염불행의 실천을 하여 일본 정토불교의 큰 선지식으로 후학들에게 칭송받고 있습니다.

그는 단순하게 염불의 전통을 이어 받았던 것뿐만 아니라 염불에 의해 자신을 깨닫고, 후학들에게 철저하게 회향했습니다. 그러고는 염불의

---

* 일본 정토종의 개조인 호넨대사의 찬술(撰述).
** 어리석은 까까중.

진의를 깊게 살펴 진실의 종교가 본원의 염불 이외에는 없다고 가르쳐 주었습니다. 염불 이외의 수행은 염불에 도달하기까지 부분적인 도정에 지나지 않는다는 것도 분명하게 밝혀 주었습니다. 오로지 염불만이 선인도 악인도 지식층도 무학無學, 문맹文盲 모두가 차별 없이 자신을 완성하는 길인 것을 밝혀 준 것입니다.

더욱이 이 염불의 길은 지식인 자신이 범부임을 깨닫고 스스로가 일문부지一文不知*의 군맹群萌**임을 자각하는 길인 것입니다. 이 염불의 길은 사악한 자도 선인善人 코스프레에서 벗어나 스스로 악인이라는 자각을 하면 도달할 수 있는 길***이기 때문에 만인의 길이 되는 것입니다.

---

* 문맹(文盲), 한 글자도 읽지 못하는 사람.
** 육도(六途)를 윤회하는 중생의 다른 표현. 유정(有精), 함령(含靈), 함식(含識), 군생(群生), 군품(群品)이라고도 한다.
***『탄이초』제3조.

특히 신란은 그의 명저인『교교신쇼敎行信證』*
에서 통일신라의 고승인 경흥憬興대사**의『무량
수경연의술문찬無量壽經連義述文贊』***을 대부분 인
용하며 그를 극찬했고 자신의 염불신앙의 기초
를 공고히 하였음은 물론입니다. 일본 정토종의
조사祖師인 호넨法然대사****와 그의 제자인 신란親

---

* 교, 행, 신, 증, 진불토, 화신토 전6장으로 이루어진 정토교학
  의 서술서.
** 경흥대사는 신라 신문왕(681-691) 대의 고승. 국사(國師)를
   지냈으며 원효, 태현(太賢)과 더불어 통일신라 3대 불교저술
   가이다.
*** 통일신라의 경흥(憬興)대사가 술찬한『무량수경』에 대한 주석
    서. 개설 3권. '무량수경술찬'(無量壽經述贊)' 또는는 '무량수경
    술기'(無量壽經述記)라고도 한다. 내의(來義)·석명(釋名)·해
    본문(解本文)의 세 부분으로 구성되었다. 일본 정토진종에도
    영향을 끼친 저술.
**** 호넨대사(1133-1212)는 일본 정토종을 개창한 승려로 정토진
     종 개조인 신란의 스승이다. 본명은 세이시마루(勢至丸). 겐
     쿠(源空), 호넨쇼닝(法然上人), 엔코대사(圓光大師), 간소대
     사(元祖大師)라고도 한다. 정토신앙이 일본 불교의 중심 신앙
     의 하나로 확립되는 데 결정적인 역할을 했다.

鸞대사* 그리고 그의 제자로 이어지는 정토의 염
불문念佛門 전승은 현재 우리 염불자들에게 크나
큰 혜택입니다.

　그 밖에 선先 조사들과 성인들 역시도 염불을
수호하기 위해 많은 고통과 비판을 받아 왔습니
다. 그들은 순교자적 신앙정신에 입각하여 피로
물들은 법난을 거치면서도 오로지 염불의 행자
로서 자신을 자각하고 숙업宿業으로 받아들였습
니다. 이러한 선사들은 법장비구의 본원 염불 이
외에 어떠한 진실의 종교는 없다고 대담하게 선
언했습니다. 이렇듯 역대조사들은 염불신앙을
지키고 후세에 전하기 위해 자신의 생사를 돌보
지 않고 정진하여 후대에까지 전해 주었던 것입
니다. 염불의 역사는 이렇듯 고난에서 고난으로

---

* 신란대사(1173-1263)는 일본 정토진종(淨土眞宗)의 개조
　(1224)로 시호는 겐신대사(見眞大師). 일본에서 정토진종은
　가장 큰 불교 종파이다.

이어져 내려온 전통을 갖고 있습니다. 그렇기 때문에 생명력이 있다고 하는 것입니다.

법장비구가 우리를 대신해 고행의 길을 마다 않고 수행 성취한 염불의 전통과 증명이 조사로부터 그의 제자에게 또 그 제자에게 전통적인 전승으로 이어집니다. 그렇게 우리에게 전해 온 염불 전승을 바탕으로 자신의 창조적인 발전이 이루어집니다. 그러한 객관적인 논증이 곧 여시아문如是我聞의 정신 아래 후학後學들에게 직간접적으로 전해지는 감동을 받게 합니다.

석가모니의 입멸 이후에 경전 결집과정에서 석가모니의 진리가 왜곡되지 않고 후학들에게 혼란이 없도록 해주는 여시아문의 참다운 정신을 몇 번이고 되뇌게 하는 부분이기도 합니다. 스승과 제자와의 인연은 이러한 여시아문의 정신이 바탕이 되어야 한다는 것을 부인할 길이 없습니다.

　이러한 법장보살의 구도정신과 여시아문의 자세야 말로 불교뿐만 아니라 우리 한국 사회가 받아들이고 실천해야 할 근본정신이며 가르침입니다. 우리는 옛것을 버리고 새것만을 추구하는 어리석음은 범하지 말아야 합니다. 다시 이야기하자면 창조는 전승된 전통을 바탕으로 하지 않으면 안 됩니다. 즉 발명의 이면에는 반드시 견식見識과 발견의 바탕이 있음을 주지해야 합니다.

조사 성인들의 일관된 염불행과 주옥珠玉같은 신앙고백은 말제자末弟子인 나를 더 감동스럽게 만듭니다.

한국의 염불 역사는 불교가 고구려 소수림왕 때 전래된 이후 통일신라기의 정토불교에서 최고 전성기를 누렸습니다. 그 이후 불교국가인 고려시대에는 승려들의 방일함에 오히려 불교가 퇴보의 길로 접어들었습니다. 더군다나 불교의 힘으로 건국한 조선시대에 와서는 유교 권력으로부터 극심한 박해와 외면을 당했습니다. 그나

마 일부 왕실의 내명부와 귀족의 아녀자들의 보살핌 아래 대중신앙 염불인 '나무아미타불'의 법맥을 이어 왔던 것은 무척 다행스러운 일입니다. 이에 민초들도 염불 신앙에 의지하여 오늘날 한국 불교가 그 맥을 이을 수 있었던 것입니다. 이와 같이 어려운 환경 속에 순교적 신앙으로 불교를 지키려던 많은 조사들의 고난과 인욕으로 오늘날 염불이 지켜졌음을 부인할 길이 없습니다. 이렇듯 선지식들의 순교적 고난으로 불교의 법맥을 이어 온 큰 은혜에 우리는 그저 감사할 따름입니다.

어느 시대나 마찬가지로 주인공인 수행자들의 신심이 부재하면 불교는 당연히 퇴보합니다. 특히 경전 해석에서 자의적恣意的인 해석은 경전의 근본을 훼손할 우려를 낳습니다. 포교의 활성화나 불자들의 경전 이해를 돕고자 생활법문이나 생활불교 너무 쪽으로 치우치면 자칫 불교의 근본을 벗어나는 외도外道로 곡해될 수 있습니다. 인기에만 영합한 대중몰이식 포교는 생명력이 짧고, 많은 대중에게 외면 받기 십상입니다.

주관적 이해 이전에 내가 아닌 석가모니의 진의를 여시아문의 정신으로 계승해야 합니다. 전통 정신을 계승하여 객관적 가르침에 입각한 근본의 진실에 충실해야 합니다. 그래야만 이와 같은 문제가 없어지리라 생각합니다.

전통의 전승을 근본으로 한 불교가 현세대의 환경에 부합한 실천을 더한다면 말할 나위 없이 발전할 것입니다. 그렇게 되면 마치 금강석 같이 변하지 않고, 왜곡이 없는 구극究極의 '나무아미타불'의 실천적 사회가 구현되지 않겠습니까?

본 졸저拙著에서 인용한 『탄이초歎異抄』는 일본 내의 정신적 불교 신앙서로 알려져 있습니다. 이 서적은 유이엔唯円스님에 의해 선사先師인 신란대사의 유전의 말씀을 기록하여 후세에 전해

진 귀중한 신앙서입니다. 여시아문의 염불자로
서 진실을 구하려 수행하는 자의 가장 신뢰할 수
있는 지침서라고 할 수 있습니다.

　염불은 국가와 이념을 넘어 모두가 하나입니
다. 중생도 하나입니다. 인간이 얼굴 형태나 피
부색이 다르다고 인간이 아닌 것은 아닙니다. 만
인 앞에 삶은 평등하듯이 이 평등의 세계를 만드
는 것이 염불인 것입니다.*

　가장 중요한 것은 이 염불에 의해 많은 사람
이 구제되었다는 것입니다. 이러한 이익이 없으
면 염불은 그냥 주문에 지나지 않습니다. 『불설
아미타경』에서는 석가모니 스스로가 염불의 행
자로서 증인이 되어 구원에 대한 이익을 "아견
시리고설차언我見是利故說此言"**이라 하며 부차

---

* 米澤英雄, 『魂の軌跡』(東本願寺, 1983), 53-82쪽 참조.
**『불설아미타경』.

대중들에게 염불왕생을 권하고 계십니다. 석가모니 스스로가 체득한 염불왕생의 이익을 우리에게 시현해 주신 것입니다. 우매한 중생들의 염불에 대한 의심을 거두려고 석가모니 스스로가 자신의 신앙을 직설을 통해 믿게 해주고 싶은 것이겠죠.

현대에는 과학의 발전에 따라 종교로 귀의하는 것이 상대적으로 퇴보한 느낌입니다. 그러나 잘못된 인식으로 과학이 인간 사회를 견인해 간다는 것은 곧 인간이 인간이기를 포기한다는 것과 직결되어 있음을 깨달아야 합니다. 일본의 의학, 과학계의 노벨상 수상자 가운데는 불교사상을 정신적 지주로 삼아 자신의 분야 연구에 매진하여 좋은 성과를 낸 분들이 많습니다.

만약 과학 일변도의 사고로 살아가는 인간이 정체성을 상실할 때 오는 것은 곧 자신의 파멸뿐입니다. 인공지능 등의 첨단 로봇이나 전자기기 등의 발명으로 우리의 생활이 더욱더 편리해졌습니다. 그러나 마음은 그만큼 편해진 것 같지 않습니다. 우리 불교는 앞으로 더 심화될 수 있는 사회의 변화와 그에 따른 부작용을 최소화할 수 있는 종교입니다. 더구나 중생들의 안락을 위해 몸소 자신의 희생을 감수하셨던 법장보살의 정신은 미래를 살아가는 우리에게는 없어서는 안 될 이 시대의 진정한 정신입니다.

끝으로 이 염불 포교서를 집필함에 있어 물심양면으로 많은 도움을 주신 여러 불자님들에게도 두 손 합쳐 감사의 념念을 올립니다.

'나무아미타불!'
보영 합장.

내 생을 찾아서

초판 1쇄 펴냄 2018년 8월 25일

편   저. 보영(普英) 스님
발 행 인. 전설정
편 집 인. 김용환
부문사장. 최승천

그   림. 허만욱(동국대학교 미술대학 명예교수)
          김민서(동국대학교 미술대학 초빙교수)
교   정. 신통화

펴 낸 곳. 조계종출판사
          서울 종로구 삼봉로 81 두산위브파빌리온 230호
          전화 02-720-6107~9 | 팩스 02-733-6708
          홈페이지 www.jogyebook.com
          출판등록 제2007-000078호(2007. 04. 27.)

ⓒ 보영, 2018

ISBN 979-11-5580-110-9   03220

값 15,000원